일기글 안미란
경상북도의 농촌에서 태어나 서울 변두리에서 자랐습니다. 대학에서 철학을, 대학원에서 국어국문학을 공부했고,
『씨앗을 지키는 사람들』로 창비 '좋은 어린이책' 원고 공모에 당선되었습니다. 그동안 지은 책으로 『너만의 냄새』, 『내일 또 만나』,
『어린이를 위한 정의란 무엇인가』 등이 있습니다.

정보글 장경준
인하대학교 사학과를 졸업하고 부산대학교 대학원 사학과 박사과정을 수료했습니다. 조선 후기 사회경제사를 연구하고 있으며,
근대 생활사에도 많은 관심을 기울이고 있습니다. 부산박물관과 부산근대역사관을 거쳐 지금은 복천박물관 학예연구사로 일하고 있습니다.
지은 책으로 『광고, 그리고 일상(1876~1945)』(공저), 『철도로 떠나는 근대도시기행 – 부산사람 B씨의 인천기행』(공저),
『먼구름 한형석의 생애와 독립운동』(공저), 『궁리–장영실과 과학의 나라 조선』(공저), 번역한 책으로 『도총』 등이 있습니다.

일기 그림 김종민
전라남도 신안군에서 태어나 대학교에서 철학을 전공하고 한국일러스트레이션학교에서 일러스트레이션을 공부했습니다.
그린 책으로 『소 찾는 아이』, 『섬집 아기』, 『워낭소리』, 『토끼가 그랬어』, 『출동 119! 우리가 간다』 등이 있습니다.

정보 그림 이준선
안양에서 태어나 중앙대학교에서 조소를, 꼭두 일러스트 교육원에서 그림책을 공부했습니다. 우리의 전통문화와 그 속에 담긴 이야기를
아름다운 자연을 배경으로 풀어내는 작업을 해 왔습니다. 지금은 어린 시절 친구들과 산과 들을 누비며 놀았던 추억을 조금씩 꺼내어
그림에 담고 있습니다. 그린 책으로 『소원 들어주는 호랑이바위』, 『호랑이를 잡은 반쪽이』, 『백발백중 명중이, 무관을 꿈꾸다』,
『다라국 소년 더기』, 『전우치전』 들이 있습니다.

이 책을 만드는 데 자문과 감수를 해 주신 분들
복식 김소현(배화여자대학 전통의상과 교수)
건축 이우종(영남대학교 건축학부 교수)

사진 제공
김한근 : 2~3쪽 「부산 명소 교통 도회」
춘천교육대학교 : 13쪽 「어린이」
독립기념관 : 13쪽 어린이날 포스터, 51쪽 남상락 태극기
부산근대역사관 : 31쪽 옷본 공책, 39쪽 수학여행 스탬프북
일신여학교기념관 : 31쪽 박순천 재봉틀
경남여자고등학교 총동창회 : 31쪽 밥상보·수예 도구함
부산박물관 : 39쪽 송도 해안 원족

일제 강점기

부산 소학생 영희, 경성행 기차를 타다

● 일기글 안미란　● 정보글 장경준　● 그림 김종민·이준선

사계절

식민지의 화려한 도시, 부산

언제 쓴 일기일까?

강화도 조약에 따라 부산이 개항한 뒤부터 점차 많은 일본인들이 부산으로 건너와 살기 시작했습니다. 일본은 부산에 시가지와 도로를 건설하고 항만 시설을 갖추었으며 병원, 상수도, 신문사 같은 여러 근대식 시설을 세웠습니다. 이러한 개발 덕분에 부산 사람들의 생활은 조금 편리해졌지만, 부산은 여전히 일본의 식민지 도시일 뿐이었습니다. 일기의 주인공 영희는 백화점과 기차 여행을 좋아하는 부산의 소학교 학생입니다.

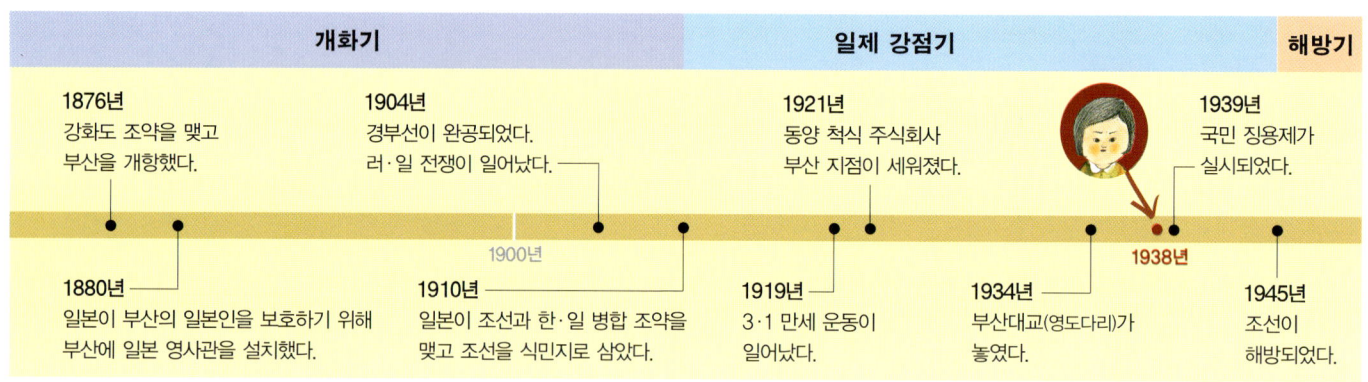

| 개화기 | 일제 강점기 | 해방기 |

- 1876년 강화도 조약을 맺고 부산을 개항했다.
- 1880년 일본이 부산의 일본인을 보호하기 위해 부산에 일본 영사관을 설치했다.
- 1904년 경부선이 완공되었다. 러·일 전쟁이 일어났다.
- 1910년 일본이 조선과 한·일 병합 조약을 맺고 조선을 식민지로 삼았다.
- 1921년 동양 척식 주식회사 부산 지점이 세워졌다.
- 1919년 3·1 만세 운동이 일어났다.
- 1934년 부산대교(영도다리)가 놓였다.
- 1938년
- 1939년 국민 징용제가 실시되었다.
- 1945년 조선이 해방되었다.

조선 최초의 개항지, 부산

일본은 조선에 개항을 요구했지만 거절당했습니다. 그러자 1875년 군함 운요호를 강화도로 보내 대포를 쏘며 조선을 위협했습니다. 일본과의 전쟁을 감당할 수 없었던 조선은 1876년에 강화도 조약을 맺고 부산, 인천, 원산의 세 항구를 열게 되었습니다. 부산은 그중 가장 먼저 개항한 곳이었습니다.

부산 명소 교통 도회(1929년 제작) 부산 지역에서 이름난 곳을 안내하는 그림식 교통 지도이다. 부산의 철도와 전차의 노선, 일본을 오가는 부관 연락선의 뱃길이 표시되어 있다. 또 부산의 중심 시가지와 항만, 온천, 공원 등이 그림으로 그려져 있다.

일본에 국권을 빼앗기다

개항한 뒤부터 우리나라는 일본뿐만 아니라 청나라, 러시아 같은 강대국들이 서로 세력 다툼을 벌이는 장소가 되었습니다. 그러다 일본과 러시아가 서로 한반도를 차지하기 위해 러·일 전쟁을 벌였습니다. 전쟁에서 이긴 일본은 본격적으로 우리나라의 주권을 침해하기 시작했고, 1910년 한·일 병합 조약을 맺어 우리나라의 국권을 빼앗았습니다.

근대 도시 부산의 탄생

일본이 우리나라를 식민지로 삼은 뒤 부산에는 점점 더 많은 일본인들이 건너와 살았습니다. 그러자 일본은 산을 깎고 바다를 메워 땅을 넓혔습니다. 그 땅에 새로운 시가지를 만들고 도로를 냈습니다. 그리고 병원, 은행, 신문사, 백화점 같은 근대식 시설을 지었습니다. 이제 부산은 한산한 어촌에서 화려한 근대 도시로 탈바꿈하게 되었습니다.

철도 건설

일본은 우리나라를 침략하기 위해 서울에서 부산까지 이어지는 경부선 철도를 건설했습니다. 이 철도를 거쳐 우리나라의 쌀이 일본으로 흘러 나가고, 일본의 값싼 공산품이 우리나라로 들어왔습니다. 이 철도는 만주까지 이어져 일본이 중국을 침략하는 데 이용되기도 했습니다.

식민지 도시와 독립운동

일본은 부산이 발전한 모습을 내세우며 식민지 지배를 정당화했습니다. 그러나 많은 조선 사람들은 일본에 빼앗긴 나라를 되찾기 위해 독립운동을 활발하게 펼쳤습니다.

산 부청 · 잔교 · 부산역 · 부관 연락선 · 기차 · 전차 노선 · 동래 온천 · 해운대 온천

차례

	2 언제 쓴 일기일까?
시계 밥은 어디로 주나? 6	7 새로 나타난 집들
오빠 마중 8	9 근대 도시, 부산
경애 언니는 어디에 12	13 어린이 운동
나도 의사가 될 거야 14	17 부산 개항 ↪ 우리나라의 개항
벚꽃 그늘 환한 온천장 18	19 온천 나들이
국어 공부는 어려워 20	21 1930년대의 교실 수업
제국의 어린 병정 22	23 체육 수업
백화점 나들이 24	25 부산의 신식 거리
딸막이 아빠를 살려 주세요 26	27 서양식 병원과 새로운 약품들
헝겊 인형 두 개 28	31 옷짓기와 수놓기 ↪ 옷차림

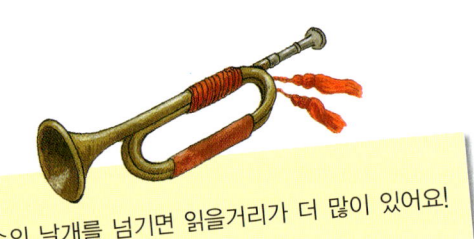

↪ 책 속의 날개를 넘기면 읽을거리가 더 많이 있어요!

나카무라 경감의 방문 32	35 일본 경찰 ↔ 경찰이 하는 일
용두산 신사 36	37 조선 신궁
가을 소풍 38	39 수학여행과 원족
모두 근로 보국 대열로 40	41 일본의 전쟁과 수탈
딸막이의 일기 42	45 일본 배에 실리는 조선 쌀 ↔ 토지 조사 사업
멀리서 온 편지 48	51 독립운동 ↔ 서대문 형무소
모험을 떠나다 52	53 간도 이주
드디어 기차를 타다 54	55 철도
경성 관광 56	57 조선 총독부 앞 거리
싯누런 파도를 건너 58	59 개항장 인천
딸막아 노올자! 60	

시계 밥은 어디로 주나?

1938년 3월 8일

딸막이랑 소꿉놀이를 했다. 처음에는 우리 자애의원 앞마당에서 놀려고 하다가, 아빠가 보면 공부는 뒷전이고 놀기만 하냐고 할까 봐 집 거실에서 했다. 진료실 유리창은 늘 반짝반짝 닦여 있어서 바깥이 환히 내다보인다. 이럴 때는 김 간호사 언니가 덜 부지런했으면 좋겠다는 생각이 든다.

병원 안쪽에 딸린 우리 집은 신식 문화 주택이다. 흙담 대신 양철 지붕과 유리 창문이 달린 멋진 집이다. 나와 딸막이는 거실 마루 한쪽에 살림을 차렸.

나는 고무신 뒤축을 꺾어서 굽 높은 여자 구두를 만들었다. 대나무 살만 남은 우산은 양산이라고 꾸몄다. 신여성이라면 미장원에 가서 꼬불꼬불한 파마 머리를 해야 하는데, 그러지 못했다. 얼른 여름이 와서 아까시 줄기로 머리를 말았으면 좋겠다.

"호호호, 벌써 열두 시네. 영화 구경을 가려면 서둘러야 해요. 시계 밥부터 줄게요."

나는 마루 한쪽 벽에 걸린 커다란 괘종시계를 보며 말했다.

"밥? 시계도 밥을 먹어?"

딸막이는 시계태엽 감는 걸 모르나 보다. 나는 우쭐한 기분이 들었다.

"그럼. 고추장에 쓱쓱 비벼 주면 아주 잘 먹는다."

"정말?"

나도 모르게 쿡쿡 웃음이 나왔다. 다시 잘 가르쳐 주려는데 딸막이가 내 가방을 만졌다.

"영희야, 이거 핸드백이라고 할까?"

나는 괜히 심술이 났다. 그건 내 가죽 책가방이다.

"그거, 비싼 거야."

딸막이는 슬그머니 손을 내렸다. 소꿉놀이가 금세 어색해져 버렸다.

그때 딸막이 엄마가 왔다. 갓난아기를 업고, 빨랫감을 머리에 이고, 오른손 왼손에 한 보따리씩 들어서 까딱하면 넘어질 것 같았다. 딸막이는 얼른 막냇동

생을 둘러업었다.

떨막이네는 딸만 내리 여섯이다. 아기 보기는 늘 셋째인 떨막이 차지다.

떨막이 엄마가 말했다.

"청주병 들고 석유집에 갔다 와. 반 되는 안 파냐고 물어보고."

그래서 소꿉놀이는 끝이 났다. 떨막이네는 전기도 들어오지 않는다. 석유 반 되를 샀을까? 못 사면 떨막이는 이 밤에 일기도 못 쓰겠지.

새로 나타난 집들

일제 강점기에도 사람들은 대개 옛날식 초가집이나 기와집에 살았다. 그러나 도시가 발달하면서 도시 생활에 알맞은 새로운 집을 짓기 시작했다.

문화 주택 벽돌이나 유리 같은 재료를 써서 지은 서양식 집이다. 문화 주택에 사는 사람들은 사회적 지위가 높고 부유한 상류층이었다.

개량 한옥 도시의 좁은 집터에 맞춰 지어 집의 크기가 작다. 전통 한옥과 달리 안채와 사랑채가 서로 붙어 있다.

오빠 마중

1938년 3월 16일

내일 드디어 오빠가 온다. 오빠는 경성*에서 공부하느라 바빠서 어쩌다 한 번씩만 집에 내려온다. 이번에도 기차를 타고 오겠지. 나는 아직 한 번도 기차를 타 보지 못했는데, 오빠처럼 공부를 잘하면 실컷 타 볼 수 있을까?

*경성 : 일제 강점기에 지금의 서울을 이르던 말.

오빠가 오면 신 나는 일이 많다. 엄마는 며칠 전부터 오빠가 좋아하는 음식을 장만하느라 마음이 들떠 있다.

"엄마, 오미자 탄 차가운 물에 배를 예쁘게 조각내서 동동 띄운 거 있잖아요? 지난번에 보니까 오빠가 그거 참 잘 마시던걸."

엄마는 고개를 끄덕이며 웃었다. 내 머릿속에는 온갖 맛있는 음식의 냄새와 빛깔이 떠올랐다.

생을 둘러업었다.

딸막이네는 딸만 내리 여섯이다. 아기 보기는 늘 셋째인 딸막이 차지다.

딸막이 엄마가 말했다.

"청주병 들고 석유집에 갔다 와. 반 되는 안 파냐고 물어보고."

그래서 소꿉놀이는 끝이 났다. 딸막이네는 전기도 들어오지 않는다. 석유 반 되를 샀을까? 못 사면 딸막이는 이 밤에 일기도 못 쓰겠지.

새로 나타난 집들

일제 강점기에도 사람들은 대개 옛날식 초가집이나 기와집에 살았다. 그러나 도시가 발달하면서 도시 생활에 알맞은 새로운 집을 짓기 시작했다.

문화 주택 벽돌이나 유리 같은 재료를 써서 지은 서양식 집이다. 문화 주택에 사는 사람들은 사회적 지위가 높고 부유한 상류층이었다.

개량 한옥 도시의 좁은 집터에 맞춰 지어 집의 크기가 작다. 전통 한옥과 달리 안채와 사랑채가 서로 붙어 있다.

오빠 마중

1938년 3월 16일

내일 드디어 오빠가 온다. 오빠는 경성*에서 공부하느라 바빠서 어쩌다 한 번씩만 집에 내려온다. 이번에도 기차를 타고 오겠지. 나는 아직 한 번도 기차를 타 보지 못했는데, 오빠처럼 공부를 잘하면 실컷 타 볼 수 있을까?

*경성: 일제 강점기에 지금의 서울을 이르던 말.

오빠가 오면 신 나는 일이 많다. 엄마는 며칠 전부터 오빠가 좋아하는 음식을 장만하느라 마음이 들떠 있다.

"엄마, 오미자 탄 차가운 물에 배를 예쁘게 조각내서 동동 띄운 거 있잖아요? 지난번에 보니까 오빠가 그거 참 잘 마시던걸."

엄마는 고개를 끄덕이며 웃었다. 내 머릿속에는 온갖 맛있는 음식의 냄새와 빛깔이 떠올랐다.

"엄마, 식혜도 할 거지요?"

"영희 네가 좋아하는 식혜? 빼먹을 리가 있나."

엄마는 내 마음을 너무 잘 안다. 만약 오빠가 좋아하는 것만 준비하면 나는 보나마나 삐칠 것이다. 사실 오미자도 오빠보다는 내가 훨씬 더 좋아하지만.

점심을 먹고 나서 엄마와 나는 시내 상점에 갔다. 시내 거리로 나가는 건 언제나 신 난다. 멋진 건물들이 양옆으로 곧게 뻗은 거리에는 온갖 상점이 있어서 구경할 게 많았다.

시내로 가려면 딸막이네 동네를 거쳐서 간다. 딸막이네 동네에는 큰 가게가 없다. 조선 사람들만, 그것도 아주 가난한 사람들만 모여 사는 동네다. 어떤 집은 문짝 대신 더러운 거적때기로 방을 가렸다.

골목에는 아이들이 나와서 놀고 있었다. 걔네들은 얇은 홑적삼 같은 옷을 입고 있었다. 봄이라고는 하지만 아직 바람이 쌀쌀해서 아무래도 추워 보였다. 콧물을 훌쩍이는 한 아이의 얼굴은 갈라지고 터져서 피가 날 것만 같았다.

한참 걸어서 다다른 시내 거리에는 온통 활기찬 기운이 넘쳤다. 기모노에 게다를 신고 지나가는 사람들, 자전거를 타고 가는 양복 입은 신사, 갓을 쓰고 안경을 쓴 할아버지……. 옷차림도 다양하고 볼거리도 많았다.

"우아! 엄마, 저기 봐요."

나는 커다란 벽돌집을 볼 때마다 신기했다. 3층, 5층……. 높다란 것도 그렇고 지붕 위에 창문이 달린 것도 그렇다. 지붕 밑에 있는 저 방에서 잔다면 밤마다 별님 달님이 더 가까이 오겠지?

'저건 멋쟁이야!'

나는 하얀 돌로 지은 부산 우편국에 멋쟁이라는 별명을 붙였다. 우리는 멋쟁이 우편국을 지나 부산역으로 갔다. 부산역은 훨씬 으리으리했다. 붉은 벽돌에 하얀 돌을 띠처럼 둘러서 다른 건물하고 달라 보였다. 건물 꼭대기에는 호박을 반으로 갈라 엎어 놓고 가운데에 바늘을 꽂은 듯 첨탑이 솟은 지붕이 있다. 그 옆에는 사방으로 시계가 달린 작은 탑이 있다. 시계탑이 달린 부산역 별명은 뭐라 지을까?

엄마는 일본인 상점에 가서 양과자를 샀다. 하지만 마음대로 먹을 수는 없었다. 할아버지한테 먼저 맛을 보여 드리고, 내일 오빠가 오면 내놓을 것이기 때문이다. 다행히 할아버지는 딱 한 개만 드시고 접시를 물리셨다. 나는 재빨리 할아버지 어깨를 주물러 드렸다. 과자가 먹고 싶어서 그런 것은 절대 아니었다.

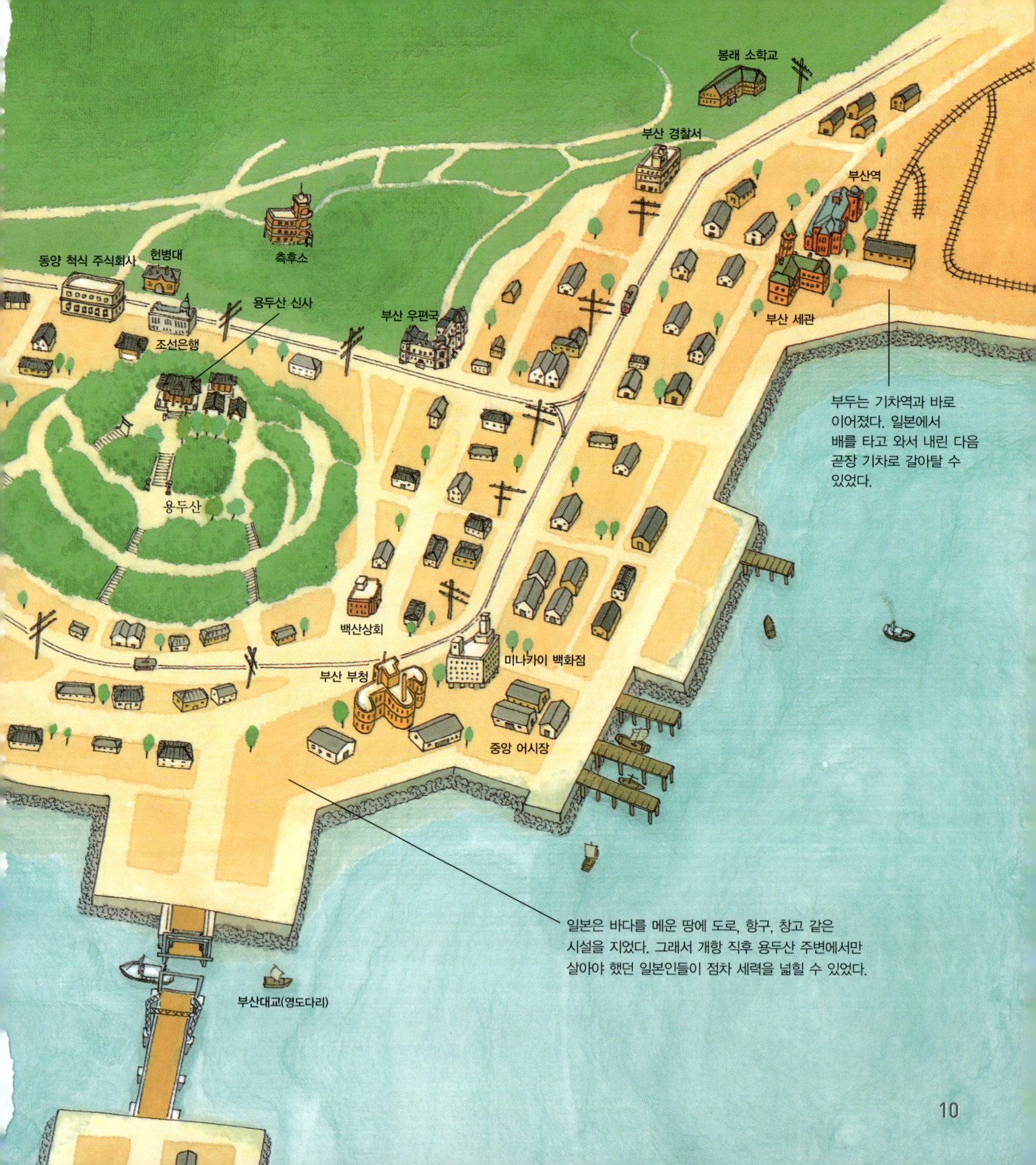

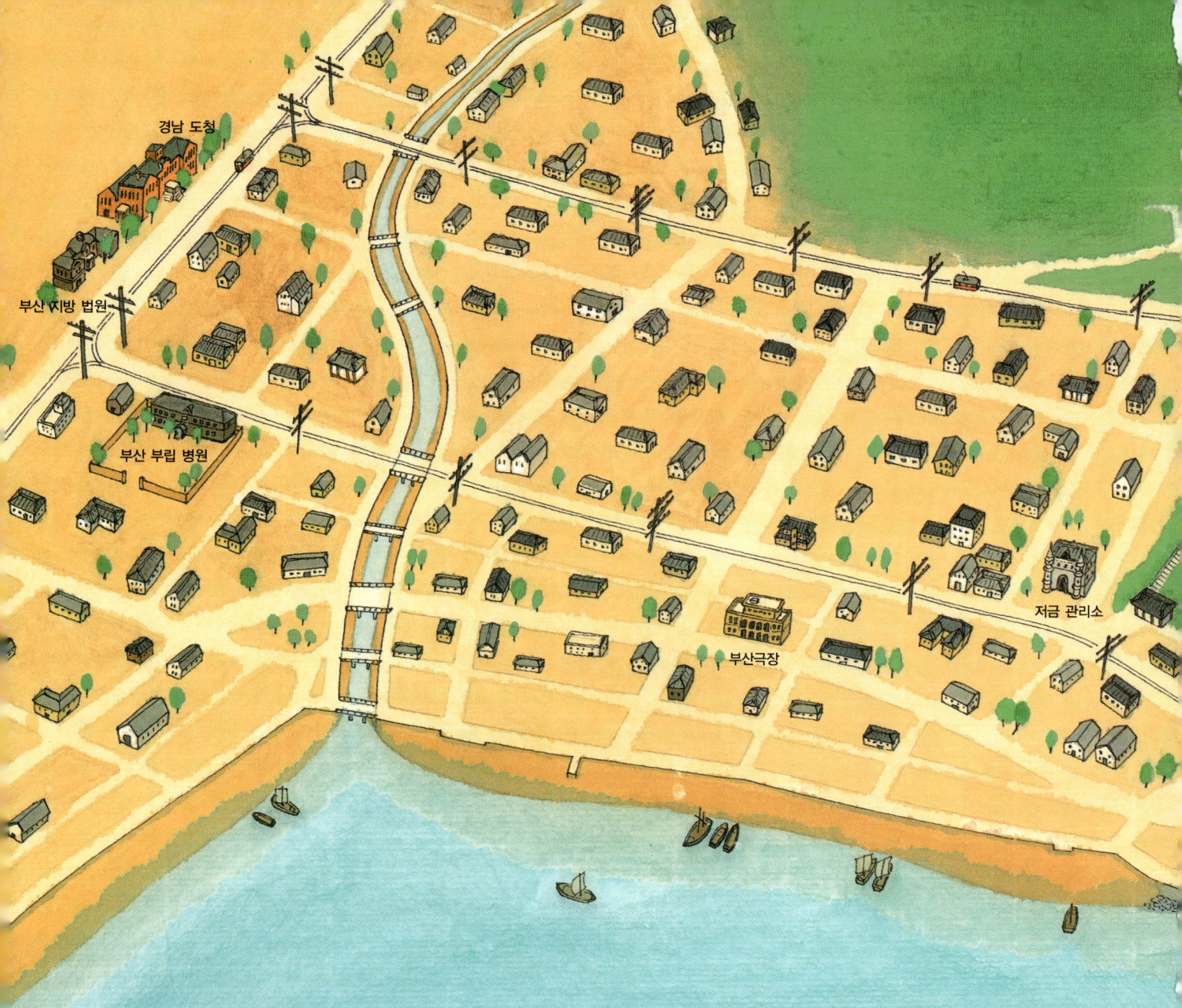

근대 도시, 부산

개항 후 일본은 부산을 개발했다. 작은 어촌이었던 부산은 병원, 은행, 백화점, 기차역 같은 근대적인 시설이 들어서면서 큰 도시로 탈바꿈했다. 그러나 이렇게 부산을 개발한 목적은 일본이 한반도를 더 쉽게 지배하기 위해서였고, 조선인들은 개발의 혜택을 별로 받지 못했다.

경애 언니는 어디에

1938년 3월 17일

오빠가 경성에서 내 선물로 어린이 잡지를 사 왔다.

"우스갯소리도 있고 옛날이야기도 나온단다."

나는 이럴 때 우리 오빠가 참말 좋다.

"오빠, 탐정 이야기도 있어?"

"응, 만화로 연재하던걸. 만화만 보지 말고 역사 이야기도 꼼꼼하게 읽어야 해."

오빠가 내 머리를 헝클어뜨리며 말했다.

잠시 뒤 할아버지 방에서 큰 소리가 들려왔다.

"뭐라? 동래 사는 박 선생 댁에 간다고?"

할아버지가 놋재떨이에 곰방대를 두어 번 두드리셨다. 할아버지는 영 마뜩잖게 생각하셨지만, 오빠가 스승을 찾아뵙는다는데 말릴 수는 없나 보다.

나는 귀가 번쩍 뜨였다. 동래? 동래라면 전차를 타고 간다!

"오빠, 나도 데리고 가. 응? 박 선생님도 영희가 얼마나 자랐나 궁금하실걸?"

나는 기어이 오빠를 따라나섰다. 전차에 올라탄 나는 몸을 반쯤 돌려 바깥 풍경을 보았다. 네모난 창틀로 풍경이 휙휙 지나가는 게 꼭 영화를 보는 것 같다. 딸막이가 있었다면 극장 놀이를 할 텐데. 하지만 딸막이 대신 무뚝뚝한 오빠만 있었다.

"경애 언니는 지금 어디 있어?"

"어? 경……애. 난들 아니."

오빠는 얼굴이 빨개졌다.

경애 언니는 박 선생님의 큰딸이다. 나는 경애 언니가 일신 여학교를 다니긴 했지만 졸업을 못하고 감옥에 간 것까지 죄다 안다. 경애 언니는 감옥에서 나온 뒤 몇 달 동안 바깥나들이를 못할 정도로 몸이 상했었다. 아빠 병원에서 여러 번 치료를 받았다. 독립운동을 하다 그렇게 되었다는 걸 아는데, 어른들은 내가 아무것도 모를 거라고 생각한다.

"전차 안이 덥구나."

오빠는 빨개진 얼굴을 창 쪽으로 돌렸다. 부끄러워서 빨개진 걸까, 비밀이 있어서 빨개진 걸까? 아무튼 더워서 그런 건 아니다.

한참 뒤 동래에 닿았다. 박 선생님은 내게 곶감을 주셨다. 따라오길 잘했다.

오빠가 박 선생님에게 절을 하고 무릎을 꿇었다.

"선생님, 조만간 경애를 만나게 될 것 같습니다."

방 안에서 나지막한 오빠 목소리가 들렸다.

"자네도 설마……. 뜻을 이루시게."

박 선생님 목소리가 울먹거리듯 떨렸다.

안 듣는 척하느라 곶감을 너무 많이 먹었나? 이제 자야 하는데 배가 살살 아프다.

어린이 운동

3·1 운동이 일어난 뒤 우리나라가 독립을 하려면 어린아이들이 잘 대우받으며 자라야 한다는 생각이 널리 퍼졌다. 이런 생각에서 소파 방정환은 '색동회'라는 단체를 만들어 어린이 운동을 펼쳤다.

어린이 운동가이면서 동화 작가인 방정환은 **어린이**라는 말을 처음 만들었다.

방정환은 1923년에 동화와 동요 등을 실은 잡지 『어린이』를 창간했다.

어린이날 포스터

색동회는 5월 1일을 '어린이날'로 정하고, 어린이가 제대로 교육받고 잘 놀 수 있어야 한다고 주장했다.

나도 의사가 될 거야

1938년 3월 20일

오빠는 내일 아침 일찍 기차로 경성에 올라간다. 이번에 가면 추석 명절에야 집에 올 것이다.

할아버지가 오빠에게 말씀하셨다.

"내가 이만큼 재력을 갖고 살게 된 것은 시대를 볼 줄 아는 눈을 키웠기 때문이다. 시장 약재 골목에서 계속 한약방만 끼고 앉았더라면 어쩔 뻔했겠느냐? 일찍이 네 아비에게 신학문을 익히게 하고 일본으로 유학을 보낸 것은 내가 지금까지 살아오면서 참으로 잘한 결정이었다. 신학문, 그것도 서양 의술을 익힌 의사가 조선 천지에 몇이나 되겠느냐? 너도 네 아비처럼 서양 의술을 공부해 병원을 물려받도록 하여라."

할아버지는 부산이 개항되는 과정을 생생히 겪으셨다. 일본인들이 밀려들어 오고 새로운 문물이 들이닥치고 바다를 메우고 다리를 놓는 등, 어마어마한 일들이 일어나는 그 모든 것을 말이다.

"일본은 곧 서양을 앞지를 거야. 일본이 앞장서서 동양에 평화를 가져온다! 중국은 늙었고 조선은 힘이 없어. 경성에 있는 의과 대학에 진학해라."

우리 집에서 할아버지의 말씀은 곧 법이다. 나는 할아버지 무릎 쪽으로 바짝 다가앉았다.

"할아버지, 저도 열심히 공부해서 의사가 될래요. 조선에 여의사가 생기면 참말 좋을 거예요."

할아버지는 내 머리를 쓰다듬으셨다.

"계집은 가정에 충실할 정도의 공부만 하면 충분하단다. 네 오빠가 가업을 이을 텐데 뭐가 걱정이냐."

할아버지는 나를 바라보며 웃으셨지만, 나는 서운했다. 내 장래에는 아무 기대도 없으신 거다.

"영희는 야무지고 똑똑합니다. 훌륭한 여의사가 못 되란 법은 없습니다."

오빠가 할아버지 말씀에 토를 달다니, 나는 어쩐지 불안했다. 아예 작정한 것처럼 오빠가 말을 이었다.

"저는 몸만 고치는 의사가 되고 싶지는 않습니다. 나라의 병, 민족의 마음에 깃든 병까지 고치고 싶습니다."

할아버지는 나를 바라볼 때와는 다른 무서운 얼굴로 오빠에게 말씀하셨다.

"괜히 불순한 학생들과 어울려 다닐 생각은 터럭만치도 하지 말거라. 민족이니 독립이니 하는 엉뚱한 짓거리를 해서 집안을 위태롭게 해서야 되겠느냐? 경애라는 처자는 국가에 불충한 것은 물론이고 제 부모에게도 불효한 것이다."

오빠는 경애 언니를 좋아하는 눈치던데……. 경애 언니가 우리 집 며느리, 그러니까 나의 새언니가 되기는 아무래도 힘들겠다.

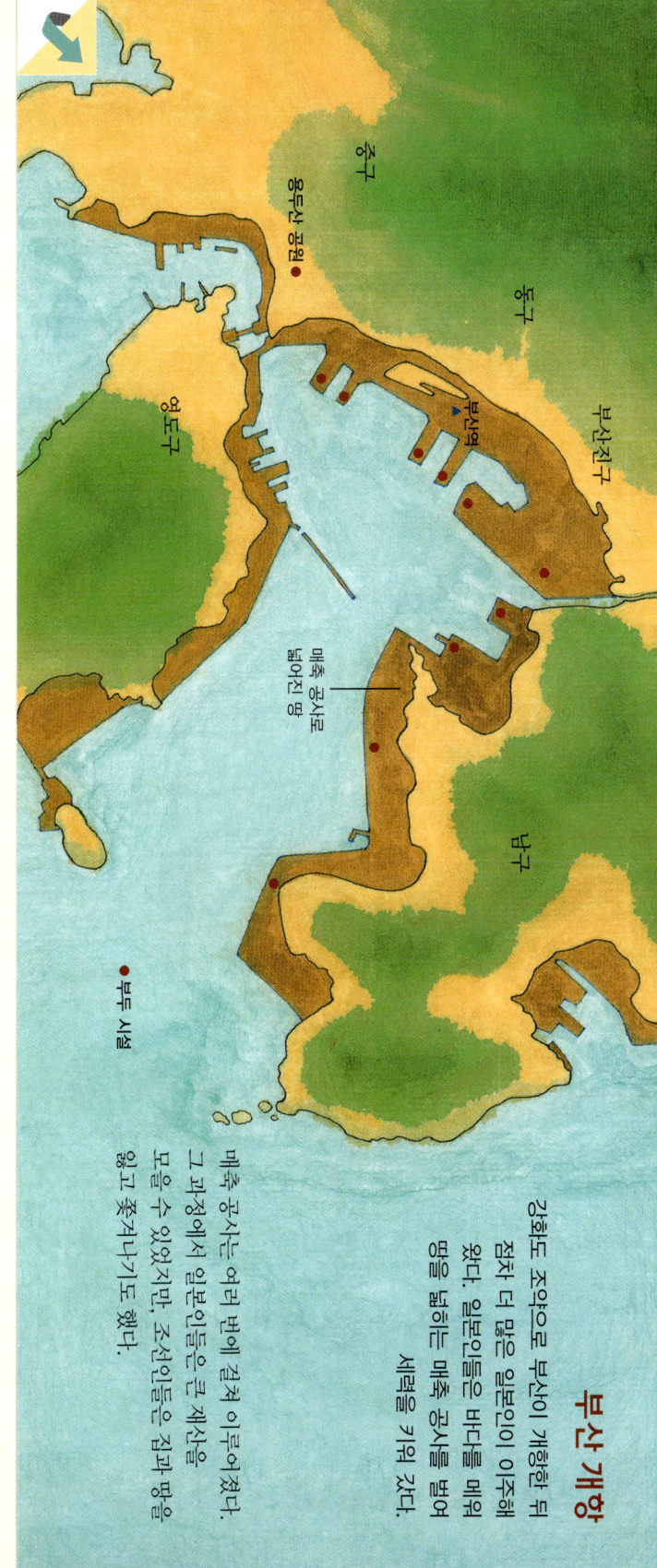

부산 개항

강화도 조약으로 부산이 개항한 뒤 점차 더 많은 일본인이 이주해 왔다. 일본인들은 바다를 메워 땅을 넓히는 매축 공사를 벌여 세력을 키워 갔다.

매축 공사는 여러 번에 걸쳐 이루어졌다. 그 과정에서 일본인들은 큰 재산을 모을 수 있었지만, 조선인들은 집과 땅을 잃고 쫓겨나기도 했다.

벚꽃 그늘 환한 온천장

1938년 4월 15일

보물 세 가지가 생긴 날이다.

첫 번째 보물은 기차 할인권! 동래 온천장에 갔더니 감사 선물이라며 경성 가는 기차를 탈 때 쓸 수 있는 할인권을 주었다. 나는 하도 기뻐서 아빠를 졸랐다. 아빠가 웃기만 하고 아무 말 없는 걸 보니 언젠가는 기차 타고 경성으로 여행을 가게 될 것 같다.

두 번째 보물은 스탬프북이다. 스탬프북은 관광을 가는 곳마다 기념 도장을 찍을 수 있게 칸이 나뉘어 있다. 여기에 도장을 다 찍을 수 있을 만큼 여러 곳을 구경 간다면 얼마나 좋을까? 오늘은 동래 온천장에 가서 스탬프를 찍었다. 온천욕을 하고 나서 나는 몸이 개운해진 것보다 마음이 개운해진 게 훨씬 좋았다.

세 번째 보물은 나무를 가지 모양으로 깎아서 만든 차통이다. 이 차통은 조그맣지만 야무지게 만들어서 튼튼하다. 통통하게 배가 불룩한 가지 모양이 앙증맞다. 온천장 주인이 엄마에게 준 기념품인데 내가 달라고 졸랐다.

오늘 아빠는 새로 맞춘 양복에 맥고모자를 써서 멋을 냈다. 엄마는 빛깔 고운 갑사 한복을 차려입었다. 온천장에는 유난히 벚나무가 많다. 벚꽃이 한창 만발할 때라 엄마의 한복은 꽃잎이 흩날리는 풍경 속에서 눈부시게 아름다웠다.

아빠는 택시를 대절해서 가자고 했다. 하지만 엄마는 택시는 너무 비싸다며 전차를 타자고 했다. 전차를 타고 온천장까지 가는 중간 중간에 많은 사람들이 타고 내렸다.

전차 안에서 어떤 할아버지가 이런 말을 했다.

"이게 그러니까, 전깃불을 빨아 먹고 그 힘으로 달리는 철마란 말이지?"

그러자 맞은편 사람이 맞장구를 쳤다.

"그렇지. 기차라는 검은 철마는 석탄불을 빨아 먹는 거고."

"자넨 기차 타 봤나? 나는 대전 지나 경성까지 타 봤지, 흠흠."

나이 많은 어른들도 우리처럼 별것 아닌 일을 자랑

하고 그러나 보다. 아니, 자랑할 만한 일이 맞는 것 같다. 나는 아직 기차를 못 타 봤다. 사진으로만 봤을 뿐, 창경원과 총독부가 있다는 경성에 가 보질 못했다. 아무래도 엄마를 한 번 더 졸라 봐야겠다. 엄마가 잘 말해 주면 보나마나 아빠도 허락할 테니까.

'엄마! 이 가지 모양 차통은 엄마 드릴 테니 우리도 기차 여행 가요, 네? 할인권이 아깝잖아요.'

온천 나들이

일본은 우리나라의 온천을 개발해 관광지로 만들었다. 부산 동래 지역의 온천 주변에는 음식점과 여관이 많이 들어섰고 전차도 연결되었다.

온천은 주로 일본인이나 조선인 상류층이 이용했다.

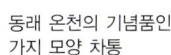

동래 온천의 기념품인 가지 모양 차통

동래에 있던 온천 여관인 봉래관의 욕조

국어 공부는 어려워

1938년 5월 10일

내 머리가 나쁜 걸까? 분명히 복습을 했는데 받아쓰기 시험에서 하나를 틀렸다. 실수로 그럴 수 있다지만, 또 딸막이한테 졌다는 게 속상하다. 딸막이는 대체 언제 공부하는 걸까? 동생 돌보고 집안일까지 해야 하는데. 요새는 엄마의 빨래 일까지 거드는 모양이던데, 도대체 언제 공부하는 거지?

딸막이 아빠는 미곡 처리장 짐꾼이다. 그러니 딸막이 공부를 봐줄 수 있을 만큼 많이 배운 사람이 아닌 게 분명하다. 그런데 난 왜 노력해도 못 따라갈까?

마루야마 선생님이 딸막이를 앞으로 불렀다.

"생도들, 요시코를 봐라. 요시코는 지난번 산술 시험도 일등, 이번 국어* 시험도 일등이다. 대일본의 국민이라면 국어를 잘해야 한다. 아직 국어를 제대로 읽지도 못하고 쓰지도 못하는 것은 대일본 제국의 학생으로서 수치다. 알겠나?"

*국어 : 일제 강점기 동안 학교에서는 일본어를 '국어'로 가르쳤다.

마루야마 선생님은 성적이 나쁜 아이들을 불러 세웠다. 그 아이들은 벌로 변소 청소를 해야 했다. 준호가 입을 삐죽 내밀었다. 준호는 아침 신체검사 때도 걸렸기 때문이다.

우리는 학교에 가면, 제일 먼저 참배 장소부터 간다. 옷매무새를 다듬고 머리를 단정히 한 다음 우리가 공부할 수 있게 해 준 고마운 분에게 감사 기도를 해야 한다. 마루야마 선생님은 늘 깨끗한 몸에서 깨끗한 마음이 나오고, 건강한 몸에서 건강한 정신이 나온다고 강조한다. 그래서 학교에 오자마자 몸과 마음부터 깨끗하게 해야 한다는 것이다.

"신체를 청결하고 건강하게 만드는 일은 일본 제국의 신하 된 국민이라면 마땅히 지켜야 하는 도리다. 너희가 비록 지금은 천황 폐하의 군인이 되어 전쟁터에 나가 싸우지 못하지만, 힘을 길러 언젠가는 충성을 바쳐야 한다."

선생님은 우리를 한 줄로 세우고 손톱 밑에 때가 있는지 검사했다. 더러운 아이는 목검으로 무섭게 내리쳤다.

"호오, 좋아, 좋아. 늘 용모가 단정해."

선생님이 내 앞을 지나치며 말했다.

하지만 내 기분이 우쭐해지지는 않았다. 옆에 서 있는 딸막이, 그러니까 출석부 이름은 선자이고 선생님은 요시코라 부르는 아이에게 신경이 쓰였기 때문이다.

딸막이 손은 거칠게 갈라져 있다. 헝클어진 머리칼은 삐쭉삐쭉 뻗쳤다. 옷도 더럽다. 소매가 땟국에 절어 반질반질하다. 딸막이 엄마가 남의 집 빨래를 하지만 정작 딸막이 옷은 더러웠다. 그건 당연했다. 갈아입을 옷이 없으니까.

1930년대의 교실 수업

나라의 주권을 일본에 빼앗긴 뒤 교실에는 일본인 교사가 들어왔다. 학교 생활에는 갖가지 엄한 규칙이 있었다. 학생들은 자라서 일본의 통치에 잘 따르는 사람이 되어야 한다고 배웠다.

일본의 국기인 '일장기'

시간표

일본인 교사

내선일체
'조선과 일본은 하나다.'라는 뜻.

제국의 어린 병정

1938년 5월 22일

왜 딸막이는 늘 칭찬만 받는 걸까?

오늘 둘째 시간은 체육이었다. 남자아이들은 운동장에서 황국신민체조 연습을 했다. 군인들이 쓰는 총검술을 응용해 만든 체조라고 했다. 우렁찬 구령 소리에 운동장이 쩌렁쩌렁 울렸다. 저렇게 소리 지르면 배가 더 고파질 텐데. 아침을 못 먹고 오는 아이들도 많은데……. 걔네들은 구령이 아니라 악을 쓰고 있는 거다.

선생님 말대로 아이들이 자라서 모두 군인이 되면 어떡하지? 농사는 누가 짓고, 장사는 누가 할 건지 모르겠다.

여자아이들은 부상자 치료법을 배웠다. 선생님은 커다란 천을 한 장씩 나눠 주었다. 그 천은 상처를 감싸거나 부러진 뼈를 고정시키는 등 쓰임새가 많다.

"아이, 참! 이게 왜 자꾸 풀리지?"

짝이 말했다.

나는 팔 한쪽을 내주고 짝이 하는 모습을 지켜보았다. 남이 하는 모습이나 책에 나온 설명은 참 쉬워 보인다. 그렇지만 직접 하려고 하면 천이 손아귀에서 도망치는 것만 같다. 팽팽하게 당긴다고 당겨도 스르르 풀어진다. 우리 조가 쩔쩔매고 있는데 선생님 목소리가 들렸다.

"역시 요시코! 훌륭해. 빠른 시간 안에 제대로 완수했군."

딸막이는 이번 시간에도 칭찬을 받았다. 짝이 속삭였다.

"쟤는 대단해. 그치?"

나는 애써 그 말을 못 들은 척했다.

쉬는 시간, 복도 한쪽이 소란스러웠다. 남자아이들이 군가를 부르며 목검 연습을 했다. 한 아이가 딸막이 치마를 목검으로 툭툭 쳤다.

"선자! 너, 적군 역할 해라. 넌 뭐든 잘하니까 그런

*혼마치 : 일제 강점기 때 있었던, 도시의 번화한 중심가를 말한다.

것도 잘하겠지?"

아이들에게 둘러싸인 딸막이는 당당하게 고개를 쳐들었다. 얼굴에 버짐이 가득 피어 있다.

"비켜 줘. 남을 괴롭히라고 군사 기술을 익히는 게 아니잖아."

"어라? 제법인데. 용감한 병사에게 사로잡힌 포로 역할이 어려워? 같이 놀자는 건데, 우리를 무시하는 거야?"

다른 아이가 캐러멜을 흔들었다.

"너 이런 거 못 먹어 봤지? 혼마치*에서 산 거다. 우리랑 놀면 이거 줄게."

나는 아이들 쪽으로 가지 않고 그냥 교실로 들어갔다. 그건 별일 아니었을 거다. 그냥 아무것도 못 본 걸로 해 두고 싶다.

체육 수업

일본은 우리나라 학생들이 자라면 군인으로 만들어 전쟁에 내보내려 했다. 그래서 체육 시간은 예비 군인을 기르는 과정이 되었다.

1937년에 조선 총독부가 만든 **황국신민체조**는 목검으로 하는 일본식 체조였다.

남자 중등학교에서 쓰인 군대용 나팔

중등학교 남학생들은 교련용 총검을 갖고 기초적인 군사 훈련인 **교련 수업**을 했다.

1942년부터 입기 시작한 학생복이다. 다리에는 군인들처럼 발목부터 무릎 아래까지 두르는 각반을 찼다.

각반

백화점 나들이

1938년 6월 4일

낮에 엄마와 함께 백화점에 다녀왔다.

백화점에는 온갖 진귀한 물건들이 많아서 갈 때마다 눈이 휘둥그레진다. 나는 아침부터 엄마를 졸랐다. 이왕이면 여름에 입을 멋진 원피스를 맞추고 싶었다.

"엄마, 원피스……. 누가 알아요? 나중에 오빠 만나러 경성 가게 될지. 이쁘게 하고 가면 좋잖아요, 응?"

엄마는 고개를 저었다.

"글쎄다……. 그러고도 싶지만 원피스를 만들 만한 천이 있으려나 모르겠네. 지금은 전시 체제잖니? 물자가 점점 부족해져서 백화점에 가도 고급 천은 구하기가 어렵단다. 적당한 걸 사다가 집에서 염색하든가 해야 할 거야."

엄마 말이 맞았다. 전차를 타고 시내까지 가면서 보니 거리 곳곳에 선전 포스터가 나붙어 있었다. 비록 우리가 전쟁터에 있는 것은 아니지만 모든 국민이 총력 동원, 힘을 모아 전쟁에 승리해야 한다는 내용이었다. 엄마와 함께 행복한 나들이를 가는데 세상은 왠지 살벌했다.

백화점 안에는 환한 불빛이 넘쳐흘렀다. 전깃불 아래 진열된 물건이 고급스러워 보였다. 우리가 옷감을 사려는 포목상은 5층에 있었다.

"엄마, 엘리베이터 타는 거죠? 네?"

나는 포목상이 높은 층에 있어서 기뻤다. 엘리베이터가 있는 건물이 여기 말고 또 어디 있지? 아마 우리 반에는 엘리베이터를 본 적도 없는 아이들이 대부분일 거다. 힘들게 계단을 오르지 않고 승

하고 오르락내리락하는 기계를 발명하다니, 과학자들은 정말 대단하다.

　일층에는 화장품 파는 곳이 있었다. 뽀얀 가루가 든 분첩에서 향기로운 냄새가 났다. 입술에 바른다는 붉은 연지는 빛깔도 고왔지만 연지가 담긴 통도 무척 예뻤다. 점원은 자꾸만 한번 발라 보라고 권했지만 엄마는 사양했다.

　"엄마, 조금만 바르면 돼."

　나는 점원을 도와 엄마를 부추겼다. 엄마는 못 이기는 척 얼굴에 바르는 크림을 겨우 하나 샀다. 내 바람은 입술연지를 사는 것이었는데……. 엄마 몰래 한 번쯤 발라 볼 수 있는 기회가 영영 안 생기다니.

　그렇지! 딸막이랑 꽃잎을 모아서 연지를 만들어야겠다. 뜰에 봉숭아가 제법 자랐으니 손톱에 꽃물도 들이고.

　아휴, 그나저나 나는 왜 딸막이랑 어색해지고 말았지?

부산의 신식 거리

부산이 개발되면서 큰길이 닦이고 길을 따라 일본인이 운영하는 여러 가지 신식 상점과 은행, 공공 기관들이 들어섰다. 새로 생긴 상점 거리는 전차가 다니고 사람들이 붐볐다.

쌀 거래소
화장품 가게
헌병대
세탁소
잡화점
가구 가게
과자 가게

딸막이 아빠를 살려 주세요

1938년 6월 10일

초저녁 어스름이 깔릴 무렵이었다. 나는 병원 문 닫는 시각에 맞춰 아빠에게 갔다. 아빠는 나를 위해 진료실 서랍에 과자나 사탕 따위를 챙겨 놓을 때가 있다.

그런데 갑자기 소란스러운 소리가 났다. 그리고 누가 온통 피투성이가 된 채 들것에 실려 병원으로 왔다. 지금도 그 생각을 하면 몸이 떨리고 눈물이 난다.

그 사람은 딸막이 아빠였다. 부두에서 배에 쌀 싣는 일을 하다가 그만 곤돌라에 깔렸다고 한다.

딸막이 엄마가 우리 아빠를 붙잡고 울부짖었다.

"아이고, 의사 선생님! 아니, 영희 아버지! 우리 애들 아빠 좀 살려 주세요. 제발!"

아빠는 침착하게 김 간호사 언니에게 이런저런 지시를 내렸다. 병원 침대의 하얀 시트가 금세 피범벅이 되었다. 나는 너무 떨려 다리가 후들거렸다.

김 간호사 언니가 내 등을 떠밀었다.

"영희야, 얼른 안채로 들어가."

하지만 나는 그럴 수가 없었다. 딸막이 동생이 엄마 등에서 까무러칠 듯 울었다.

뒤늦게 부두 미곡 처리장의 일본인 관리가 도착했다. 그 사람은 다짜고짜 욕부터 내뱉었다. 딸막이 아빠가 안전 수칙을 제대로 지키지 않고 대충대충 하다가 변을 당했다는 것이다. 일꾼들 분위기도 어수선해

지고 엉망진창이라며 화를 냈다.

그때 아빠가 말했다.

"거기 조용히 하시오. 지금 얼마나 위급한지 안 보입니까? 당신네들은 사람의 목숨이 중요하지도 않소? 당장 밖으로 나가 기다리고 있어요."

욕을 하던 일본인 관리는 아빠의 서슬에 입을 다물었다.

하지만 우는 아기는 아빠도 어쩔 수가 없었다. 나는 손끝에 과자 부스러기를 묻혀 아기 입술에 대 주었다. 아기는 옴쭉옴쭉 입술을 움직이더니 입맛을 다셨다. 눈물 콧물 범벅이 된 과자를 먹으며 조금씩 울음을 그쳤다.

아빠는 한밤중이 되어서야 집으로 돌아왔다.

"딸막이 아빠는요?"

아빠가 내 머리를 쓰다듬으며 말했다.

"위험한 고비는 넘겼어. 걱정 말고 자렴."

나는 그 말에 스르르 눈을 감았다. 하지만 잠결에 들리는 엄마 아빠의 말소리는 슬펐다.

"영희 친구네 아빠 말이야, 아까 간신히 정신이 들었는데, 첫마디가 내일 당장 돈 벌러 갈 수 없다는 걱정이더군. 그 몸으로 무슨 일을 하겠다고. 적어도 몇 달은 쉬어야 할 텐데."

서양식 병원과 새로운 약품들

서양식 병원은 개항 후 우리나라에 들어왔다. 병을 고치기 위해 병원을 찾은 사람들은 신식 진료 방법에 신기해했다.

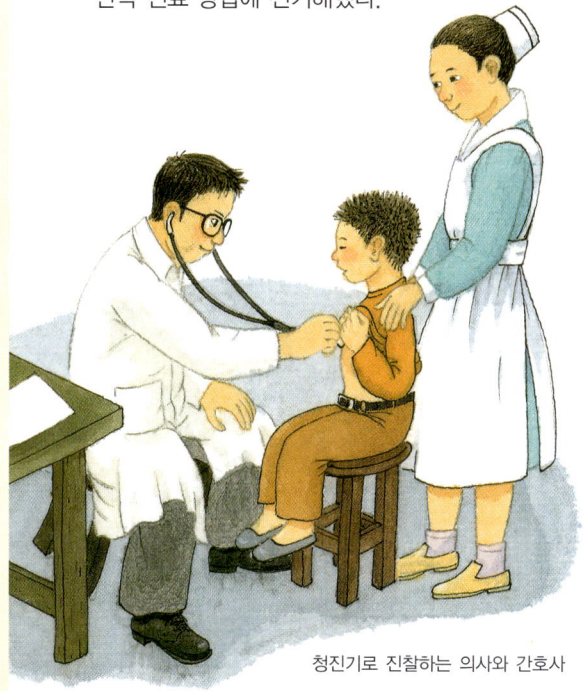

청진기로 진찰하는 의사와 간호사

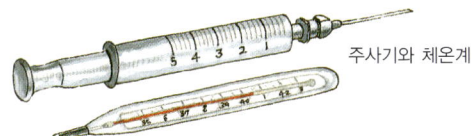

주사기와 체온계

소화제인 활명수

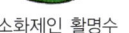

모기향

기침에 잘 듣는 용각산

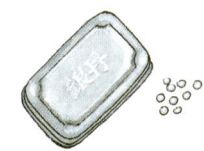

두통, 소화 불량에 먹는 은단

일제 강점기에 한약을 대신해 여러 가지 새로운 약품들이 나왔다.

헝겊 인형 두 개

1938년 6월 29일

도르르륵 도르르륵.

재봉틀 소리가 조그만 기차 소리처럼 경쾌하게 들린다. 엄마는 지금 내가 입을 새 옷을 만드는 중이다. 우리 집 재봉틀은 엄마의 보물 1호나 마찬가지다. 이 다음에 내가 자라면 나한테도 재봉틀 사용법을 가르쳐 주겠지?

엄마 친구인 안락동 아주머니도 왔다. 아주머니는 여성들이 보는 양재책을 들고 왔다. 벌써 며칠 전부터 두 분은 그 책을 보면서 어떤 옷을 만들까 이 궁리 저 궁리를 했다. 내 눈에는 책만 보고도 옷을 척척 만들어 내는 두 사람이 무슨 요술을 부리는 것만 같았다.

"엄마, 앞섶에 리본도 하나 달아 줘요."

"그럴까?"

안락동 아주머니가 웃었다.

"리본이 너무 크면 어린 아기처럼 보일지도 몰라. 점잖으면서도 세련되게, 좀 작게 만들면 어떨까?"

나는 커다란 리본이 더 좋은데. 하지만 옷 모양에는 내 고집을 세우면 안 된다. 아무래도 옷을 보는 눈은 나보다 안락동 아주머니가 훨씬 나을 테니까. 새 옷을 입게 된다는 것만으로도 기쁘니 리본 크기는 아무래도 상관없다.

두 분이 옷을 만드는 동안 나는 나대로 바느질거리가 생겼다. 마름질을 하고 나니 자투리 천이 꽤 생긴 것이다.

나는 조그만 헝겊 인형을 만들었다. 바느질도 어렵고 인형 모양을 만드는 것은 더 어려웠지만, 엄마가 많이 거들어 주었다. 이불 솜을 뜯어서 인형 몸에 채우니 폭신하게 살지고 엉망진창이라며 화를 냈다.

그때 아빠가 말했다.

"거기 조용히 하시오. 지금 얼마나 위급한지 안 보입니까? 당신네들은 사람의 목숨이 중요하지도 않소? 당장 밖으로 나가 기다리고 있어요."

욕을 하던 일본인 관리는 아빠의 서슬에 입을 다물었다.

하지만 우는 아기는 아빠도 어쩔 수가 없었다. 나는 손끝에 과자 부스러기를 묻혀 아기 입술에 대 주었다. 아기는 옴쭉옴쭉 입술을 움직이더니 입맛을 다셨다. 눈물 콧물 범벅이 된 과자를 먹으며 조금씩 울음을 그쳤다.

아빠는 한밤중이 되어서야 집으로 돌아왔다.

"딸막이 아빠는요?"

아빠가 내 머리를 쓰다듬으며 말했다.

"위험한 고비는 넘겼어. 걱정 말고 자렴."

나는 그 말에 스르르 눈을 감았다. 하지만 잠결에 들리는 엄마 아빠의 말소리는 슬펐다.

"영희 친구네 아빠 말이야, 아까 간신히 정신이 들었는데, 첫마디가 내일 당장 돈 벌러 갈 수 없다는 걱정이더군. 그 몸으로 무슨 일을 하겠다고. 적어도 몇 달은 쉬어야 할 텐데."

서양식 병원과 새로운 약품들

서양식 병원은 개항 후 우리나라에 들어왔다. 병을 고치기 위해 병원을 찾은 사람들은 신식 진료 방법에 신기해했다.

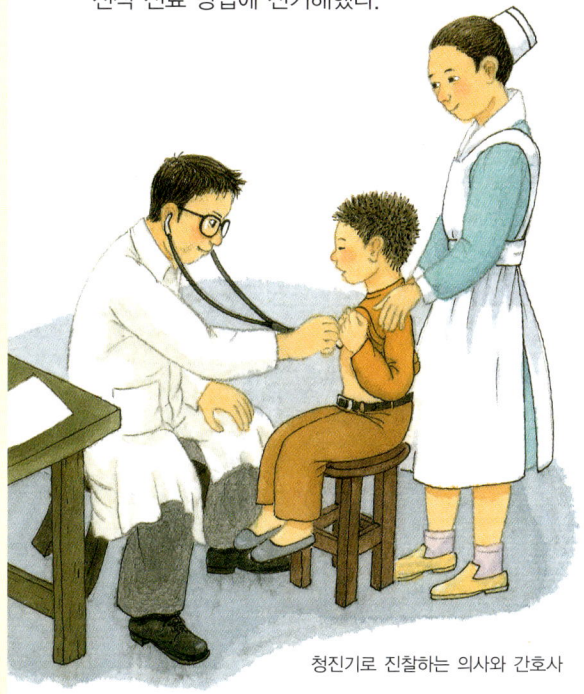

청진기로 진찰하는 의사와 간호사

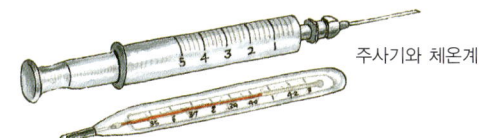

주사기와 체온계

소화제인 활명수

모기향

기침에 잘 듣는 용각산

두통, 소화 불량에 먹는 은단

일제 강점기에 한약을 대신해 여러 가지 새로운 약품들이 나왔다.

헝겊 인형 두 개

1938년 6월 29일

도르르륵 도르르륵.

재봉틀 소리가 조그만 기차 소리처럼 경쾌하게 들린다. 엄마는 지금 내가 입을 새 옷을 만드는 중이다. 우리 집 재봉틀은 엄마의 보물 1호나 마찬가지다. 이 다음에 내가 자라면 나한테도 재봉틀 사용법을 가르쳐 주겠지?

엄마 친구인 안락동 아주머니도 왔다. 아주머니는 여성들이 보는 양재책을 들고 왔다. 벌써 며칠 전부터 두 분은 그 책을 보면서 어떤 옷을 만들까 이 궁리 저 궁리를 했다. 내 눈에는 책만 보고도 옷을 척척 만들어 내는 두 사람이 무슨 요술을 부리는 것만 같았다.

"엄마, 앞섶에 리본도 하나 달아 줘요."

"그럴까?"

안락동 아주머니가 웃었다.

"리본이 너무 크면 어린 아기처럼 보일지도 몰라. 점잖으면서도 세련되게, 좀 작게 만들면 어떨까?"

나는 커다란 리본이 더 좋은데. 하지만 옷 모양에는 내 고집을 세우면 안 된다. 아무래도 옷을 보는 눈은 나보다 안락동 아주머니가 훨씬 나을 테니까. 새 옷을 입게 된다는 것만으로도 기쁘니 리본 크기는 아무래도 상관없다.

두 분이 옷을 만드는 동안 나는 나대로 바느질거리가 생겼다. 마름질을 하고 나니 자투리 천이 꽤 생긴 것이다.

나는 조그만 헝겊 인형을 만들었다. 바느질도 어렵고 인형 모양을 만드는 것은 더 어려웠지만, 엄마가 많이 거들어 주었다. 이불 솜을 뜯어서 인형 몸에 채우니 폭신하게 살

옷짓기와 수놓기

1930년대에 학교에서는 여학생들에게 옷짓기와 수놓기처럼 생활에 쓰임이 많은 과목을 가르쳤다.

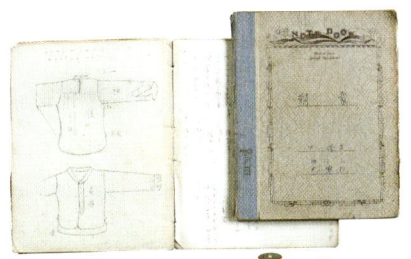

옷본을 그리는 데 쓰는 공책

일본은 우리나라 학생들에게 지식 과목을 덜 가르쳐서 일본의 통치에 순응하게 했다.

일신 여학교 출신의 여성 정치가 박순천이 사용했던 재봉틀

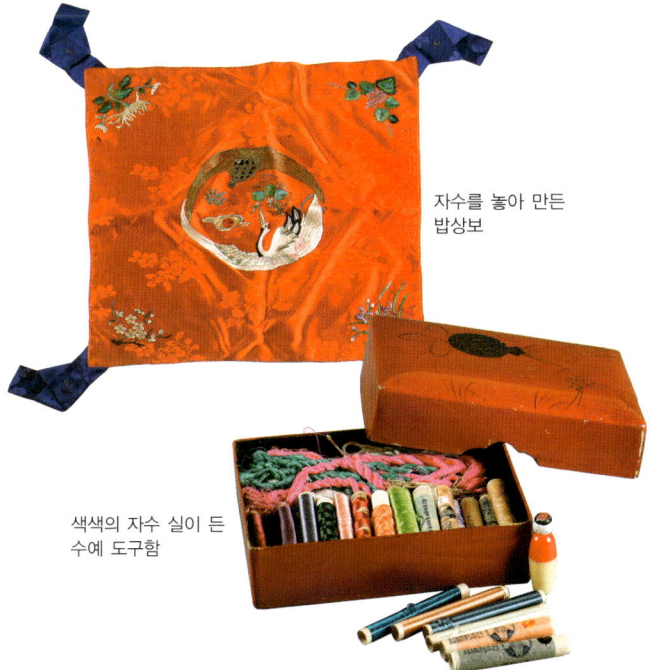

자수를 놓아 만든 밥상보

색색의 자수 실이 든 수예 도구함

나카무라 경감의 방문

1938년 8월 14일

덥다, 더워.

학교는 여름 방학이다. 안 그래도 더운데, 낮에 나카무라 경감이 들이닥쳐서 더 더웠다.

한낮 땡볕이 따가울 때였다. 엄마는 달궈진 마당을 식힌다고 바가지로 물을 퍼서 뿌리는 중이었다. 더위에 지친 맨드라미와 봉숭아, 채송화에까지 물을 뿌렸다. 아빠는 거실 마루에서 신문을 읽고 있었다.

그런데 난데없이 대문을 쾅쾅 두드리며 나카무라 경감이 나타난 것이다. 나카무라 경감은 이 더운 날씨에 기다란 장화를 신고 왔다. 말을 타고 다니는 것도 아니면서 괜히 겁을 주려는 옷차림이다. 나카무라 경감은 다짜고짜 마루에 걸터앉더니 우리 식구를 을러댔다.

"안 원장님 댁에 별일 없으신가 싶어 들렀지요. 경성 간 이 집 아들은 아무 소식이 없나요?"

아빠는 언짢은 기색을 감추려 헛기침을 했다.

"공부하는 아이가 무슨 기별이 있겠소. 거, 더운데 시원한 수박이나 들고 가시오."

엄마는 찬물에 담가 두었던 수박을 내왔다.

나카무라 경감은 붉고 끈적한 수박 물을 뚝뚝 흘리며 먹었다. 입안의 수박 조각이 목구멍을 다 넘어가기도 전에 말을 해서 지저분했다.

"이 집 학생이 선만열차*를 탄 걸 봤다는 사람이 있어요. 경성에서 내린 게 아니라 아예 만주까지 내뺀 거지요."

"그게 무슨 소리요? 경성 의전에 입학할 아이가, 만주에 관광을 간 것도 아닌데 거긴 왜 간단 말이오."

32

이 올랐다. 볼에 대 보니 여간 따스하고 귀여운 게 아니다.

"머리칼은 뭐로 만들어요?"

"음, 털실이 좀 남았을 거야. 아니면 검은 천을 잘라서 쓰든가."

반나절을 꼬박 앉아서 꼼지락댔더니 인형 하나가 완성되었다. 나는 그 인형에게 진달래 각시라는 이름을 붙여 주었다.

"남은 천, 제가 다 가져도 돼요?"

"그건 왜?"

"인형 하나 더 만들려고요."

나는 인형을 하나 더 만들기 시작했다. 이건 딸막이에게 주려는 것이다. 딸막이 아빠가 다친 지 보름도 더 지났다. 이 인형이 딸막이를 위로해 주면 좋겠다. 그리고 나랑 재미있게 놀면 정말 좋겠다.

옷차림

일제 강점기에는 전통 한복을 입은 사람과 양복을 입은 사람이 뒤섞여 거리를 누비고 다녔다. 양복은 주로 신식 남녀나 학생들이 입었고, 그 밖의 사람들은 대부분 한복을 입었다.

양복 도시에 사는 신식 남녀들은 양복을 즐겨 입었다. 또한 여성들은 유행에 맞게 고친 개량 한복을 입기도 했다.

전통 한복 대부분의 사람들은 여전히 한복을 즐겨 입었다. 남자는 두루마기를 걸쳤고, 여자는 머리쓰개 대신 검은 우산을 받쳐 들었다.

전쟁을 대비한 옷 일본은 1940년대에 태평양 전쟁을 일으키면서 물자를 절약하기 위해 국민복을 입게 했다. 여성들에게는 일하기 간편한 몸뻬를 입게 했다.

학생들의 교복 남학생들은 일본의 학생복을 본뜬 제복 형식의 교복을 입었다. 여학생들은 1930년대부터 블라우스와 주름치마로 된 교복을 입었다.

아빠가 말했다. 나카무라 경감은 손으로 입을 쓰윽 훔쳤다.

"만주로 들어가 불순한 세력과 어울리는 건지 누가 압니까? 출옥한 박경애가 지금 중국 군사 학교에서 위험한 일을 꾸민다는 정보를 입수했소. 만약 그 여학생과 무슨 관련이라도 있으면 당장 잡아가겠소."

"허허허, 이보시오 경감! 그런 경거망동한 처녀 아이는 우리 집과 아무 관련이 없다오. 거, 오늘 날도 더운데 가다가 찻집에라도 들르시든가."

아빠는 경감을 구슬렸다. 경감의 주머니에 빳빳한 종이돈을 슬쩍 넣어 주었다. 그러자 경감은 자리를 털고 일어서며 쐐기 박듯 말했다.

"이 집 아들이 학교 회지에 발표한 글 기억하시지요? 국가의 정책에 사사건건 반대하고 선량한 사람들을 부추겨서 천황 폐하를 욕되게 한 일을 잊지 말란 말이오."

나카무라 경감은 기분 나쁘게 저벅저벅 발소리를 내며 돌아갔다. 엄마가 소금을 현관문 밖에 팍팍 뿌렸다.

*선만열차 : 일제가 만주를 침략할 목적으로 조선과 만주를 연결하여 만든 철도편이다.

경찰이 하는 일

일제 강점기 동안 일본 경찰은 많은 권한을 쥐고 있었다. 경찰은 사람들의 생활을 일일이 간섭하면서 일본이 우리나라를 통치하는 데 앞잡이 구실을 했다.

마을에 병균이 생기지 않도록 길이나 도랑이 깨끗이 치워졌는지 검사했다.

전염병을 예방하기 위해 가옥 소독을 했다.

수상해 보이는 사람을 불러 세워 갖가지 질문을 하거나 짐을 풀어 보게 했다.

사람들의 지문을 찍어 둔 다음 한 사람씩 감시하고 관리했다.

일본 경찰

조선의 국권을 빼앗은 일본은 우리나라 방방곡곡에 수많은 경찰을 두었다. 경찰은 일본에 저항하는 우리나라를 통치하기 위해 꼭 필요한 수단이었다.

헌병 경찰이 팔에 두르는 완장

원래 군인을 다루었던 **헌병 경찰**은 일반 주민들을 함부로 대했으며, 재판 없이 벌을 줄 권한까지 갖고 있었다.

3·1 운동이 일어나자 일본은 헌병 경찰 대신 **보통 경찰**을 두었다. 그러나 이름과 제복만 조금 바뀌었을 뿐, 난폭한 경찰의 모습은 그대로였다.

독립운동가들을 감시하고 잡아가기 위한 **비밀 경찰**도 있었다. 이들은 경찰복을 입지 않고 몰래 활동했다.

용두산 신사

1938년 9월 4일

스탬프북에 세 번째 도장을 찍은 날!

학교에서 용두산 신사로 단체 참배를 갔다. 덕분에 지난여름 해운대 바닷가에서 찍어 온 도장에 이어 세 번째 도장을 찍게 되었다. 용두산 신사 참배를 기념하는 도장은 모양도 다르다. 신사 건물을 도안으로 삼았기 때문에 딱 표가 난다.

아이들이 내 옆으로 몰려와 그게 뭐냐고 물었다. 아이들은 관광 기념 스탬프북이 있다는 걸 처음 알았다. 이 스탬프북이 있으면 굳이 자랑하지 않아도 내가 어디어디를 다녀왔는지 한눈에 알 수 있다.

아침에 등교해서 우리는 모두 운동장에 나와 줄을 맞춰 섰다. 학교에서 용두산까지 꽤나 먼 거리인데 걸어서 간다고 했다. 우리는 손에 손마다 일장기를 들었다. 어제 수업 시간 틈틈이 만들어 놓은 것이다. 남자아이들은 머리에 붉은 해가 그려진 띠를 둘렀다.

출발에 앞서 교장 선생님이 훈화를 했다.

"일본 제국은 추악한 중국을 이겼다. 동양의 평화, 세계 평화가 이제 코앞에 다가왔다."

곧이어 우리는 "천황 폐하 만세!"를 목이 쉬어라 외치고 또 외쳤다. 나는 입만 크게 벌리고 적당히 목소리를 아꼈다. 행진하는 내내 구령을 붙이고 만세를 불러야 할 텐데, 곧이곧대로 하다가는 정말로 목이 쉬어 버리기 때문이다. 입은 크게 소리는 작게. 그게 들키면 안 되는, 내 비법이다.

용두산까지 가니 다리가 무척 아팠다. 그래도 아직 멀었다. 신사에 가려면 맨 먼저 거대한 도리이를 지나야 한다. 하얗고 빛나는 돌로 세운 도리이는 한자 문(門)처럼 생겼다. 그곳을 지나면 신사로 들어가는 문을 넘은 것이나 마찬가지이다. 선생님은 우리더러 도리이를 지나기 전에 또다시 몸가짐을 단정히 하라고 했다.

도리이를 지나면 이번에는 엄청나게 많은 돌계단이 기다린다.

"이 계단을 올라가는 것은 우리가 점점 신성한 곳에 가까워진다는 것을 뜻한다. 한 계단

한 계단 건성으로 오르지 말고 충성하는 선량한 마음으로 임할 것!"
선생님의 잔소리가 이어졌다. 여름 늦더위가 우리를 괴롭혔지만 아무도 손을 올려 이마의 땀을 닦지 않았다. 자세를 바르게 해야 하니까.
이건 비밀인데, 나는 솔직히 짜증이 났다. 우리가 건강하게 자라고 공부할 수 있는 게 일본의 천황 폐하 덕분이라지만, 내 생각에는 아무래도 우리 부모님 은혜인 것 같아서였다.

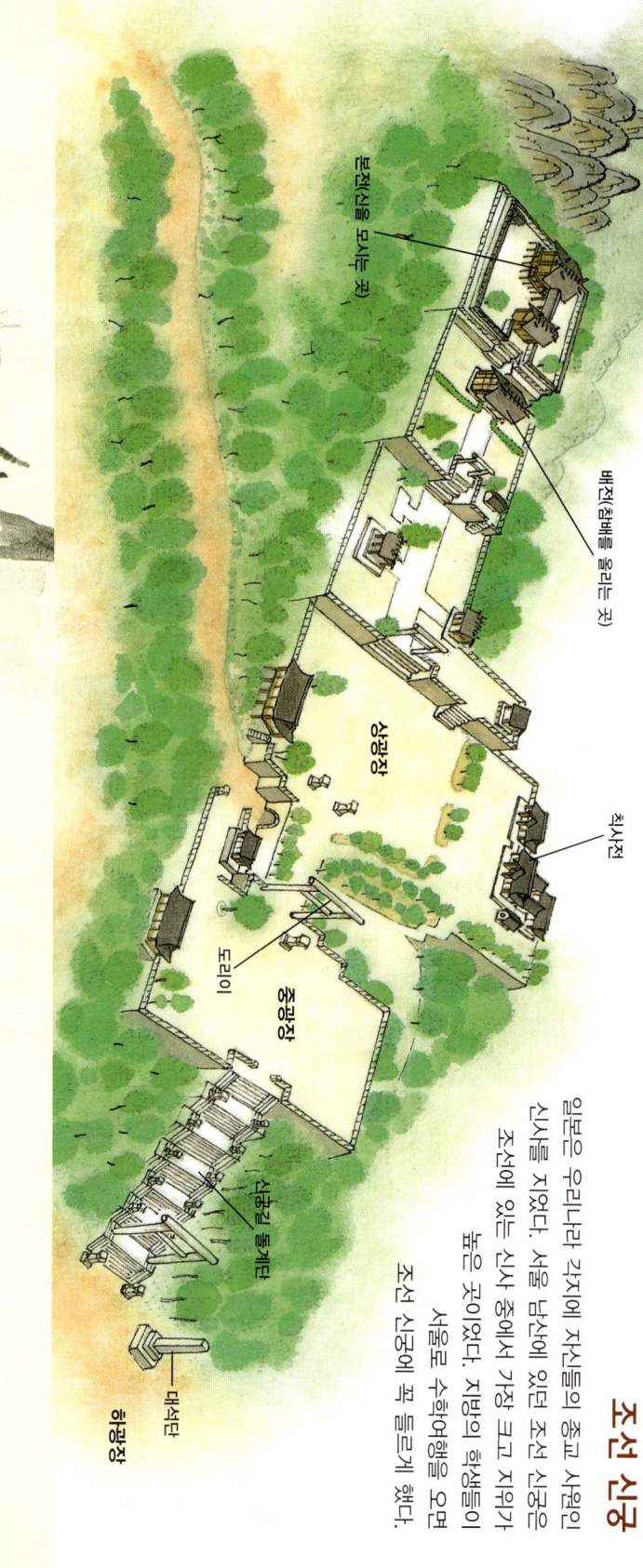

조선 신궁

일본은 우리나라 각지에 자신들의 종교 시설인 신사를 지었다. 서울 남산에 있던 조선 신궁은 조선에 있는 신사 중에서 가장 크고 지위가 높은 곳이었다. 지방의 학생들이 서울로 수학여행 오면 조선 신궁에 꼭 들르게 했다.

가을 소풍

1938년 10월 9일

가을 소풍 장소는 송도 바닷가! 송도 바다는 부산항 바다보다 훨씬 푸르다. 해변에는 솔숲이 있어서 도시락을 먹기에도 그만이다. 나는 아침 일찍 김밥과 삶은 달걀, 사이다를 챙겼다. 물론 스탬프북도 잊지 않았다. 나는 창미랑 길자, 점례와 함께 돗자리를 폈다.

그런데 딸막이가 혼자 있는 게 보였다. 나는 마음이 쓰여서 딸막이를 불렀다. 딸막이 아빠는 이제 우리 병원에 오지 않는다고 했다. 병원비도 내지 못하고 자꾸 오려니 눈치가 보인 걸까, 아니면 다 나은 걸까? 다 나은 건 아닐 거다. 딸막이 엄마가 우리 엄마한테 아직도 일자리를 못 구하고 집에 누워 있어 걱정이라고 했으니까.

마침 점례도 딸막이를 우리 자리로 끌었다.

"얘, 이리 와. 우리랑 같이 먹자."

"아니야, 나는 배 하나도 안 고파."

딸막이는 끝까지 사양하더니 혼자 바위 뒤로 사라졌다. 가져온 거라고는 달랑 물통 한 개뿐이던데……. 나는 딸막이의 자존심이 부담스러웠다.

점심을 먹고 나서 보물찾기를 했다.

"너희가 찾을 보물 딱지에는 해골 그림이 있다. 독약이라는 표시지. 적군의 스파이가 국내로 진입해서 몰래 숨겨 놓은 것이라 생각하고 찾아내도록."

선생님의 설명이었다.

우리는 솔숲 여기저기로 흩어졌다. 시간이 흐르자 딱지를 찾았다는 아이들의 환호성이 간간이 들렸다. 나는 한 개도 찾지 못했다. 그건 딸막이도 마찬가지였다. 포기하려는 순간, 내 눈길이 소나무 둥치의 옹이에 닿았다.

'앗, 딱지다!'

그때 왜 그랬을까? 나는 머뭇거렸다. 마침 바로 뒤에 있던 딸막이가 그것을 발견했다.

"찾았다!"

선생님이 아이들을 불러 모았다. 딱지를 찾은 아이들은 사탕을 받기도 하고, 공책을 받기도 했다. 딸막이도 선물을 받았다. 그런데 하필 그게 연필이었다.

딸막이는 저 연필로 공부해서 또 나를 앞지르겠지. 시험이 얼마 남지 않았다는 생각을 하니까 머릿속이 복잡했다. 처음부터 내가 찾은 거였는데, 이제라도 말해서 연필을 뺏을까?

"저어, 딸막아……."

"이거 봐, 영희야. 새 연필이야. 안 그래도 연필이 없었는데."

딸막이는 조심스레 연필심에 침을 묻혔다. 딱지 뒷면에 또박또박 글자를 쓰는 모습이 기쁨에 겨워 보였다. 그 모습을 보니 나는 아무 말도 할 수 없었다.

수학여행과 원족

학생들은 나라 안팎의 도시와 명승지로 수학여행을 갔다. 일본은 자기네 나라로 수학여행을 오게 해 일본이 얼마나 발전한 나라인지를 뽐내기도 했다.

원족(소풍)은 가까운 바다나 산, 유적지로 갔다.
(부민 공립 보통학교의 송도 해안 원족, 1931년)

원족을 가서는 집에서 준비해 온 도시락을 먹었다.

도시락 한 벌

일본의 수학여행지를 돌며 찍은 기념 스탬프북

모두 근로 보국 대열로

1938년 10월 25일

누렇게 익은 벼를 보기만 해도 배가 부르다?

어른들 말은 아무래도 틀린 것 같다. 모락모락 김이 나는 흰쌀밥이라면 모를까. 껍질도 벗기지 않은 벼를 보고 배가 부르다니, 순 거짓말이다.

오늘은 논으로 나가서 근로 보국 행사를 했다. 논 한가운데 있는 높다란 짚가리에는 깃발이 꽂혀 펄럭였다. '전 국민은 근로 보국 대열에 동참하자.'는 구호가 적힌 내림막도 펼쳐졌다. 깃발이 마구 나부끼는 걸 보니 운동회가 열린 듯 멋져 보였다. 처음에는 아이들도 신이 났다. 골치 아픈 공부 대신 바깥에서 몸을 놀리기 때문이다.

하지만 총검을 들고 서 있는 순사를 보고 깜짝 놀랐다. 순사는 일은 하나도 돕지 않고 왔다 갔다 하며 우리를 노려보았다. 일을 제대로 하지 않으면 당장 끌려갈 것 같았다.

우리가 거두는 쌀은 일본으로 보내거나 전쟁터로 보낸다고 했다. 일손이 모자라서 소학교*에 다니는 우리까지 쌀 공출 작업에 동원된 것이다. 이 쌀을 거둬들여도 우리 동네 사람들 배 속으로 들어가는 게 아니니까 배가 부르다는 건 진짜 거짓말이다.

따가운 가을볕 아래 일하는 게 무지 힘들었다. 남자아이들은 어른들이 베어서 묶어 놓은 볏단을 옮겼다. 높은 학년의 남학생들은 낫을 들고 직접 벼를 베었다. 낫질이 서투른 아이들은 손을 베기 십상이지만 선생님의 감시가 무서워 아무 말도 못했다. 사실은 선생님보다 총검을 들고 감시하는 순사가 더 무서웠겠지만.

우리 반 여자아이들은 볏단 옮기는 일을 마치고 떨어진 이삭을 주웠다. 선생님은 우리가 들고 가는 바구니를 하나하나 검사했다. 이삭을 조금밖에 못 주운 아이에게는 불호령이 떨어졌다.

***소학교**: 지금의 초등학교를 가리킨다.

볏짚에 쓸려서 손가락에 거스러미가 일었다. 집에서 그랬다면 호들갑을 떨었겠지만 이번에는 아픈 척

도 못했다. 쓰라리고 따갑지만 우리 조가 배당받은 양을 채우려면 쉴 수가 없었다. 왜 공부 안 하고 이런 일까지 해야 하나. 농사는 우리 동네 사람이 지었는데, 왜 이 쌀은 배에 실려 먼 데로 가야 하나. 이런 생각이 드니 일하기가 더 싫고 짜증이 났다.

일본의 전쟁과 수탈

일본은 중국, 미국 등 주변 나라들과 큰 전쟁을 벌였다. 전쟁에는 많은 군사와 물자가 필요했다. 그래서 젊은 남녀를 모아 전쟁터나 탄광, 군수 공장으로 보냈다.

조선의 젊은이와 학생들은 일본 천황의 백성이라는 거짓 구실로 전쟁터에 나가야 했다.

매일 1전씩 넣게 한 보국 저금함

놋그릇 대신 내준 공출 보국 식기

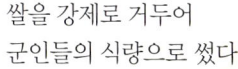

쌀을 강제로 거두어 군인들의 식량으로 썼다.

농기구와 가마솥, 놋그릇 따위의 쇠붙이를 빼앗아 무기를 만들었다.

딸막이의 일기

1938년 11월 20일

남의 일기를 몰래 훔쳐보는 건 나쁜 일이다. 물론 내가 일부러 훔쳐보려던 건 아니다. 그러니 완전히 나쁜 게 아니라 반쯤만 나쁜 일을 해 버렸다.

딸막이와 함께 우리 집에서 작문 숙제를 했다. 선생님이 이번 작문 숙제를 잘해 오는 사람은 교장 선생님 앞에서 칭찬도 받고, 다른 친구들에게 모범이 되도록 작문을 학교 게시판에 붙일 거라고 했다.

"자, 여기 소년 잡지에 실린 글을 읽어 보겠다. 어떤 지방의 한 여학생이 폐병으로 죽게 되었습니다. 그런데 그 소녀는 그동안 알뜰히 모아 놓은 저금을 나라를 위해 헌납하였습니다."

나는 속으로 생각했다.

'정말로 그랬으려고? 병원비부터 해야지. 저건 꾸며 낸 이야기야.'

선생님은 계속 읽었다.

"어머니, 아버지. 제가 비록 죽더라도 이 돈을 나라에 바쳐……."

우리더러 그런 이야기를 쓰라는 거였다. 선생님은 보국 헌금 이야기도 좋고 전쟁터에서 싸우는 군인들에게 편지를 써도 좋다고 했다. 하지만 나는 작문 이야기만 나오면 머리가 지끈지끈 아프다.

"딸막아, 너는 작문이 쉽니?"

나는 홍시를 오물거리며 물어봤다.

"아니. 머릿속에서는 우리말로 생각이 떠오르는데 그걸 다시 일본말로 옮겨야 하니 온통 뒤죽박죽이야."

"일본말이나마나 나는 쓰고 싶은 이야기가 없는걸."

"그래도 어떡하니, 숙젠데. 아, 참! 나 집에 좀 다녀올게."

딸막이는 동생을 데려오려고 집으로 뛰어갔다. 동생이 젖을 먹고 나면 아기는 다시 딸막이 차지다. 그래야 엄마가 일을 할 수 있으니까.

그런데 딸막이 책보가 펼쳐진 게 보였다. 책가방 대신 보자기에 싼 교과서가 어지럽게 흩어져 있었다. 나는 딸막이의 책을 챙겨 주려다 그만 일기장을 보게 되었다. 가슴이 콩닥콩닥 뛰었다. 정말이지 보려던 게 아니라 그냥 보인 거였다.

그런데 딸막이 일기를 읽고 나니 내가 나쁜 아이가 된 기분이 들었다. 딸막이를 도와주지 못한 거, 내가 잘난 척했던 거, 딸막이는 나 때문에 마음을 다쳤다. 이 미안한 마음을 어떻게 딸막이한테 전하지? 딸막이가 이런 생각을 했는데 나는 왜 몰랐을까?

친구 마음을 아프게 하고도 모른 척한 나는 나쁜 아이가 되어 버렸다.

토지 조사 사업

일본은 조선의 국권을 빼앗은 뒤 토지 조사 사업을 벌여 농민들이 갖고 있던 땅을 빼앗았다. 그 탓에 농민들은 가난한 소작농이 되거나 도시로 가서 품팔이꾼이 되었다. 빼앗은 땅은 일본 정부나 기업, 또는 조선으로 이주해 온 일본인이 차지했다.

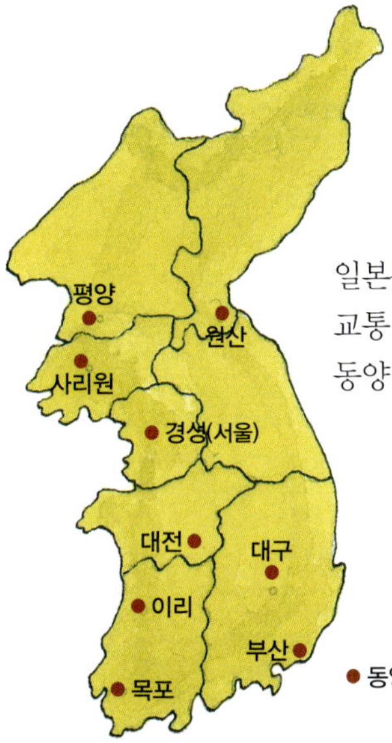

일본은 쌀 수확량이 많고 교통이 발달한 지역을 골라 동양 척식 주식회사를 세웠다.

동양 척식 주식회사(경성 지점)
동양 척식 주식회사는 조선에서 빼앗은 농토를 관리하고 거기에서 수확한 쌀을 일본으로 공급하는 역할을 했다.

● 동양 척식 주식회사의 지점들

토지 조사 사업을 할 때 나라 방방곡곡에 걸쳐 일본인 조사원과 측량 기사가 땅의 주인, 가격, 넓이와 모양을 조사했다.

일본 배에 실리는 조선 쌀

조선에서 거둬들인 쌀은 부산이나 인천 등 큰 항구를 거쳐 일본으로 옮겨졌다. 그 덕분에 일본의 가난한 노동자들은 조선 쌀을 싼값에 살 수 있었다.

운반선

쌀 창고

짐을 싣고 내리는 일꾼들

항구의 노동자들 중에는 농사지을 땅을 잃고 고향을 떠나온 사람들이 많았다.

1938년 5월 22일

영희는 왜 모른 척하고 지나쳤을까?

　남자아이들이 복도에서 나를 괴롭혔다. 준호랑 몇몇 패거리는 나를 눈엣가시처럼 여긴다. 걔들 눈에는 내가 가난한 여자아이라고 만만해 보이는 걸까? 마루야마 선생님에게 이르고 싶지만, 그랬다가는 공부 잘하는 거 하나 믿고 선생님에게 고자질했다며 더 괴롭힐지도 모른다.

　영희는 가까운 곳을 지나고 있었으니 어쩌면 우리들 말소리를 다 들었을 것이다. 설마 일부러 모른 척한 걸까? 나를 골탕 먹이려고?

　아니야. 마음씨 고운 영희가 일부러 그랬을 것 같지는 않다.

　혹시 영희가 나에게 화난 일이 있는 건 아닐까? 지난번에 영희 물건을 함부로 만져서 섭섭했을지도 모르겠다. 앞으로는 좀 더 조심할 수 있는데, 영희랑 통 이야기할 기회가 없다.

　가난하다고 무시하지 않고 늘 친절하게 대해 주는 영희. 나는 환하게 웃는 영희 모습이 참말 좋은데, 어쩐지 요즘은 서먹하기만 하다.

　가슴이 답답하다.

1938년 6월 17일

엄마 아빠가 싸웠다. 아빠가 아직 낫지도 않은 몸으로

일을 나가겠다고 하자 엄마는 울며 말렸다.

　하지만 엄마도 안다. 집에 먹을 게 떨어져 간다는 것을. 엄마랑 언니들이 아무리 열심히 일해도 우리 식구 다 같이 먹고 입을 것을 구하기 어렵다.

　우리 가족이 게으른 걸까?

　누구보다 열심히 일하는데 우리는 왜 가난할까? 뼈가 부서지게 일하고 또 일하는데 왜 배가 고플까?

　아빠는 산처럼 높게 쌓인 쌀더미 속에서 일했지만, 우리 식구가 쌀 걱정을 하지 않은 날은 하루도 없다. 뭐가 어디서부터 잘못된 것일까?

1938년 10월 9일

영희는 얄밉다. 영희가 도시락을 같이 먹자고 했지만 거절했다. 은근히 잘난 척하는 모습이 오늘따라 싫었다. 아니다. 어쩌면 괜히 나 혼자 멋대로 생각하는 건지 모르겠다. 영희는 착한 아이인데…….

　보물찾기도 영희가 일부러 양보한 거였다. 나도 그 정도 눈치쯤은 있다. 하지만 연필이 너무 갖고 싶었다. 연필이며 공책이며 어느 것 하나 제대로 된 것이 없는데, 공부는 뭐로 하고 학교는 어떻게 다니나. 영희한테는 미안했지만 그냥 모르는 척, 내가 처음 그 딱지를 찾은 척해 버렸다.

　영희야, 미안해. 그리고 고마워.

멀리서 온 편지

1939년 1월 17일

평소와 달리 정오 사이렌이 울리기도 전에 우체부 소리가 났다. 밖에서 "편지요!" 하는 소리가 들리기에 얼른 나가 보았다. 그런데 날마다 오던 우체부가 아니었다. 주먹코에 성긴 눈썹이 낯설었다.

"네가 영희니?"

그 아저씨의 말씨는 우리 동네 사람들 말씨와는 달리 말꼬리가 올라갔다. 우편 가방을 멘 모양새도 어쩐지 엉성해 보였다.

고개를 끄덕이자 그 아저씨는 편지를 쥐여 주고 잽싸게 사라졌다. 꼭 아버지에게 직접 전해야 한다는 말을 남기고는. 겉봉 글씨체는 오빠가 맞았다.

아빠에게 가서 편지를 전했다.

저녁에 아빠가 할아버지에게 이야기했다.

"아버님, 하숙비하고 학자금을 부쳐 줘야겠어요. 금액이 좀 많은데요."

할아버지는 고개를 끄덕이셨다. 아빠는 어렵사리 이야기를 꺼냈다.

"하숙방도 궁금하고, 얼굴도 볼 겸 경성에 다녀왔으면 합니다. 돈을 직접 주고 싶기도 하고요."

할아버지가 곰방대를 탁탁 터셨다.

"흠흠, 그럼 이번 기회에 네 안사람과 함께 다녀오려무나. 경성 관광도 하고."

아니, 이럴 수가. 나를 빼놓고 엄마 아빠가 경성 구경을 간다고? 기차를 타는데!

"싫어요, 싫어. 저도 데려가요, 네?"

"어허, 얘가 참……. 우린 놀러 가는 게 아니야."

엄마가 엄한 낯으로 말했다.

"관광이 노는 거지 뭐예요?"

나는 토라져서 방으로 쏙 들어갔다. 내가 얼마나 기차 여행을 하고 싶어 하는지 알면서 쏙 빼놓다니, 정말 서러웠다.

그런데 아빠의 책상 서랍이 반쯤 열려 있는 게 아닌

가. 나는 엄마 아빠 몰래 오빠 편지를 꺼냈다.

맙소사! 엄마 말대로 두 분은 경성에 놀러 가는 게 아니었다. 편지는 한 귀퉁이가 누렇게 눌어붙어 있었다.

'탐정의 편지!'

그랬다. 지난번 잡지에서 읽었던 게 생각났다. 식초로 비밀 편지를 써서 말린 다음, 그 위에 펜으로 가짜 사연을 쓴 거다. 아빠는 이 편지를 불에 쬐어서 비밀 글자가 나타나게 한 것이다. 불에 그을린 편지에는 오빠가 쓴 글씨가 나타나 있었다.

서대문 형무소

일본은 서울 서대문 밖에 감옥을 지었다. 1945년 해방 때까지 수많은 독립운동가들이 이곳에 갇혀 고초를 겪었다.

감옥의 하루 일과는 잠자는 시간을 빼고 거의 노역(강제 노동)으로 채워져 있었다.

밥은 죄수의 형량과 노역의 종류에 따라 양을 다르게 주었다.

서대문 형무소의 모습
죄수들을 감시하기 편리하도록 옥사를 부채꼴 모양으로 지었으며, 높은 담장을 둘러 탈옥을 막았다.

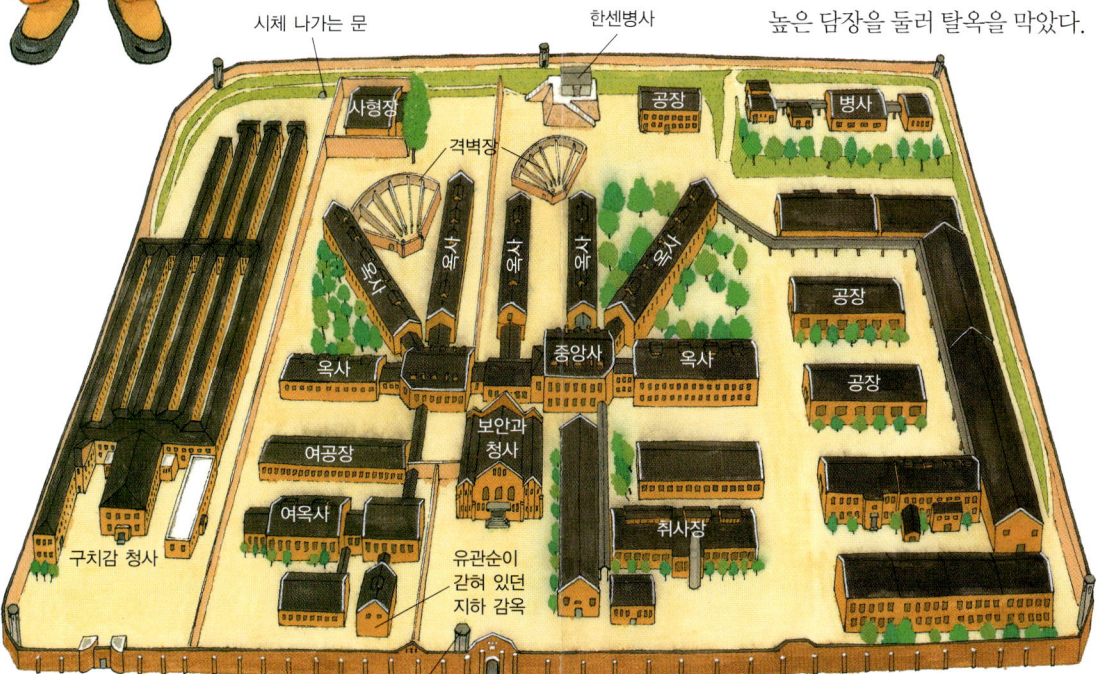

독립운동

일제 강점기 동안 우리나라 사람들은 자유를 빼앗기고 살림살이도 궁핍해졌다. 그래서 빼앗긴 나라를 되찾으려는 독립운동을 꾸준히 벌였다.

3·1 운동 때 사용한 태극기

1919년 3월 1일, 온 나라에서 독립 만세 운동이 일어났다.

소총
탄띠
짐을 넣는 가방인 배부대

독립군의 모습
독립운동 단체들은 군대를 만들어 일본과 싸울 준비도 했다.

발을 보호하기 위해 두른 발싸개

모험을 떠나다

1939년 1월 20일

우리 엄마 아빠는 뭐든지 다 아는 척척박사이지만 가끔은 나에게 깜빡 속아 넘어갈 때가 있다. 내가 오빠 편지를 읽었다는 사실을 전혀 모르다니, 가슴이 두근두근 뛴다.

멀고 먼 만주에서 오빠는 대체 무슨 일을 하는 걸까? 의사가 되는 공부랑 독립운동이 무슨 상관이 있는 건지는 잘 모르겠지만, 아무튼 오빠는 중요한 일을 맡은 것 같다. 아빠에게 독립운동에 필요한 자금을 대 달라고 했으니 아주 높은 자리에 있는 건 아닐까?

어쩌면 그곳에서 경애 언니를 만났는지도 모른다. 설마 우리 집에 인사도 안 시키고 오빠가 장가를 가는 건 아니겠지? 어릴 때 경애 언니가 내 머리를 쫑쫑 땋아 주던 게 생각난다. 언니를 본 지 정말 오래되었다.

엄마 아빠는 여행 준비도 안 하고 불안한 한숨만 내쉬었다. 이럴 때는 내가 나서 주는 게 좋다.

나는 할아버지에게 도움을 요청했다. 할아버지 말씀이라면 엄마 아빠도 어쩔 수 없을 테니까.

"할아버지, 제가 안 가면 오빠가 서운해할 거예요. 긴긴 방학 동안 아무 데도 안 가면 저도 섭섭하고요."

나는 기차 할인권과 함께 아직 빈 칸이 많은 스탬프북도 보여 드렸다. 할아버지는 아버지에게 나도 데려가라고 하셨다. 하지만 엄마는 거리가 멀어서 힘들다며 자꾸 나를 떼어 놓으려 했다.

그런데 아빠의 생각이 바뀌었다.

"어제 병원으로 나카무라 경감이 왔었소. 어떻게 알았는지 경성에는 왜 가느냐고 따져 묻더군."

아빠는 엄마에게 날 데려가는 편이 남들 눈에 더 자연스러워 보일 거라고 말했다. 아무래도

이 여행은 남의 의심을 사서는 안 되는 여행이었다. 두 사람은 소곤소곤 속삭였지만 나는 다 들었다.

"그래, 우리 영희도 함께 가자꾸나. 가방부터 싸야겠는걸."

하도 기뻐서 나도 모르게 아빠의 목을 그러안았다. 엄마는 기뻐하는 내 모습을 보면서도 불안한 기색을 감추지 못했다.

드디어 내일 아침 일찍 출발이다. 떨려서 잠이 안 온다. 옷이랑 모자랑 수첩도 챙겼고, 스탬프북도 물론 챙겼다. 돌아올 때는 기념 엽서를 사 와야지.

아, 그러고 보니 돋보기를 빠뜨렸다. 나는 지금 위험한 모험을 떠나는 탐정이 된 거니까 돋보기랑 안경이 필요한데……. 얼른 자고 새벽에 일찍 일어나 챙겨야지.

간도 이주

일제 강점기의 농민은 아침부터 저녁까지 땀 흘려 일해도 수확이 늘 기대에 미치지 못했다. 그래서 정든 고향을 떠나 낯선 간도로 이주하는 사람들이 많았다.

간도 지역은 우리 땅과 환경이 비슷한 데다, 강만 건너면 갈 수 있는 가까운 곳이었다.

간도로 이주하는 농민들

한인 마을

간도로 이주한 사람들은 마을을 이루어 살기도 했다. 명동촌은 1899년에 세운 마을로, 민족 시인 윤동주와 문익환 목사 같은 훌륭한 인물들이 나온 곳이다.

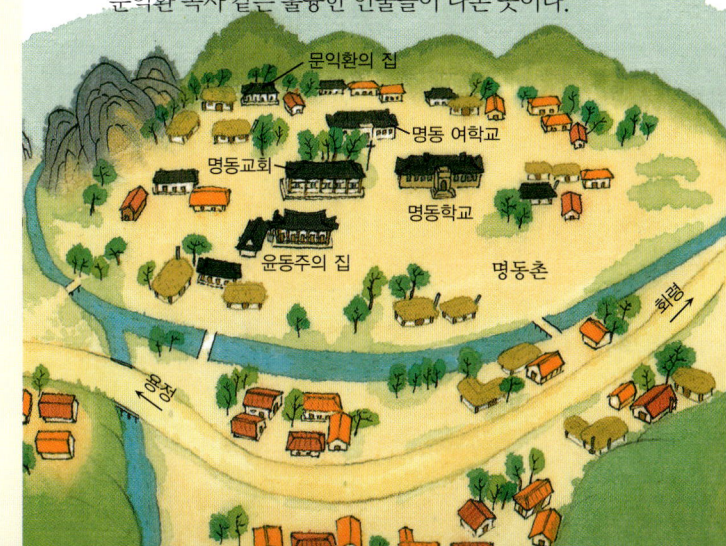

드디어 기차를 타다

1939년 1월 21일

아슬아슬한 하루였다. 그래도 내가 참 대단하게 느껴져서 나를 칭찬해 주고 싶은 날이다.

우리는 새벽밥을 먹고 아침 일찍 부산역에서 출발했다. 다녀오겠다는 인사를 드리자, 할아버지는 다락에서 눈깔사탕을 꺼내 주셨다.

구포역을 지날 무렵이었다. 나는 눈깔사탕을 입안에서 요리조리 굴리는 중이었다. 입안 가득 달콤한 침이 고였다. 그런데 그때 일본 순사 두 명이 우리가 탄 칸으로 들어왔다.

"모두들 검문에 협조하도록. 수상한 자는 즉시 체포한다."

순사는 한 사람 한 사람 얼굴을 유심히 살피고 아무나 찍어서 짐을 풀어헤쳤다. 그런데 하필이면 아빠의 여행 가방을 다짜고짜 열라고 했다. 가방에서 광목천으로 겹겹이 싼 돈뭉치가 나오자 그들은 깜짝 놀랐다.

"옳지! 이놈 수상한걸. 따라와."

엄마는 얼굴이 하얗게 질려 버렸다. 아빠는 당황해서 뭐라 말을 잇지 못했다.

"아빠, 이거 오빠 하숙비랑 학교 등록금이죠? 순사 아저씨, 우리 오빠는요, 경성에서 제일 큰 의과 대학에 일등으로 들어갔어요."

나는 방긋 웃으며 최대한 밝은 목소리로 말했다. 아빠가 말했다.

"당신들이 이렇게 무례하게 구는 걸 총독부의 고바야시 상에게 알려야겠군."

그러자 엄마도 맞장구를 쳤다.

"당신이 수술해서 목숨을 살려 준 양반 말이죠? 경성역으로 마중 나온다고 하셨으니, 이 사람들을 당장 고발해서 처벌해 달라고 해야겠어요."

순사들은 당황해서 오해를 풀라며 연신 굽실거렸다.

순사들이 다음 칸으로 가고 나서야 아빠는 비로소 마음이 놓인 듯 긴 한숨을 내쉬었다. 엄마는 왼쪽 가슴에 얹은 손을 한동안 떼지 못했다.

"그런데 여보, 고바야시 상이 누구예요?"

"그냥 아무 이름이나 생각나는 대로 말해 본 거지. 하찮은 지방 순사가 설마 총독부 사람을 알까 싶어서 지어낸 말인데 통했어."

세상에나! 엄마는 아무것도 모르면서 눈치껏 아빠 말에 맞장구를 쳤고, 순사들은 거기에 속아 넘어간 것이다. 우리 가족은 대단한 모험가들인 게 분명하다.

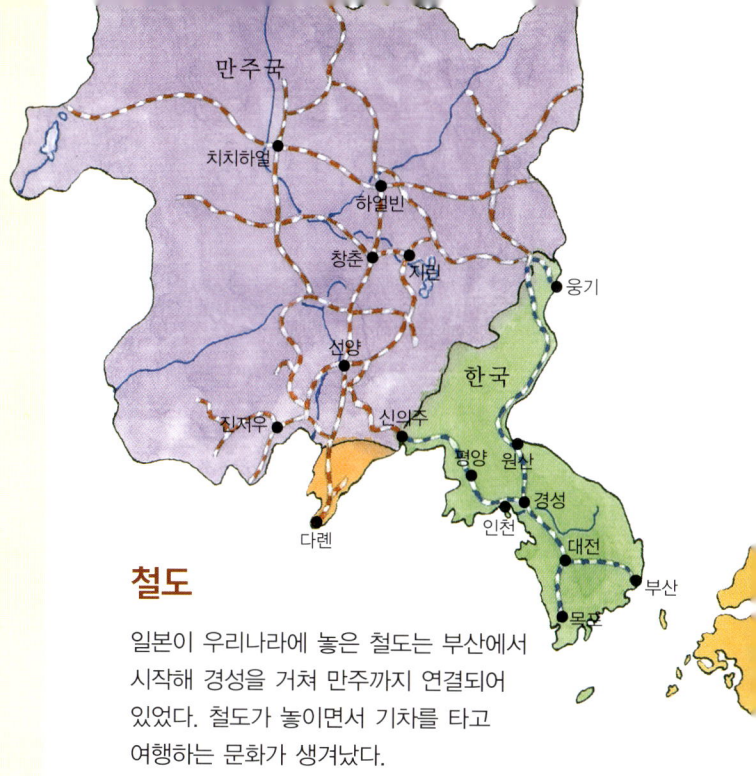

철도

일본이 우리나라에 놓은 철도는 부산에서 시작해 경성을 거쳐 만주까지 연결되어 있었다. 철도가 놓이면서 기차를 타고 여행하는 문화가 생겨났다.

기차표   철도 신호등

기차는 기적을 울리고 증기를 뿜으며 빠른 속도로 달렸다. 일본에서 배를 타고 와 부산에 내린 여행객은 이 기차를 타고 만주까지 갈 수 있었다.

경성 관광

1939년 1월 22일

어젯밤 경성에 도착했다. 캄캄한 밤에 한강 철교 위를 지났다. 무쇠로 만든 기차가 한강에 빠지면 어쩌나 무서웠다. 칙칙폭폭 하던 기차가 철교 위에서는 저도 무서운지 왈카당달카당 소리를 내며 떨었다.

사람들은 어디로 갈 건지 이야기꽃을 피웠다. 다른 관광객들은 당연히 조선 신궁부터 들르고 화신 백화점이랑 창경원에 간다고 했다.

"아빠, 우린 어디부터 갈 거야? 아니지, 오빠부터 만나고 함께 다니면 되겠네."

"오빠는 학교 때문에 바빠. 경성 관광은 우리끼리 하자꾸나. 창경원부터 가 볼까? 너 동물 좋아하지?"

아빠는 창경원에 간다는 말을 일부러 크게 했다. 다른 사람이 다 들을 수 있도록.

막상 창경원에 가 본 결과는? 실망, 실망, 대실망이었다. 한겨울이라 코끼리며 공작이며 죄다 우리 안에 꼭꼭 숨어서 나오질 않았다. 나는 심술이 났다. 손발이 꽁꽁 얼고 콧물만 조르륵 흘렀다.

그런데 아까부터 우리 주위를 따라다니는 사람이 있었다. 가죽 장갑에 모자를 쓴 그 사람이 괜히 기분 나빴다.

우리는 창경원에서 나와 택시를 타고 남산 쪽으로 갔다. 우리가 탄 택시 뒤를 아까부터 어떤 차가 따라왔다. 또 그 남자였다.

"운전수! 차를 돌려 종로로 가 주시오."

종로에는 아빠 친구의 병원이 있다. 아빠는 그 친구 분에게 뭔가를 부탁했다. 우리는 그 병원 뒷문으로 다시 빠져나왔다.

"영희야, 응급차 타 본 적 없지?"

"우아, 이걸 타고 경성 시내를 구경하는 거예요?"

나는 일부러 아무것도 모르는 척했다. 응급차는 빨간 경광등을 번쩍거리며 삐뽀삐뽀 소리를 질렀다. 나는 숨을 죽이고 몸을 낮췄다. 살짝 밖을 내다보니 우리를 뒤쫓아 오던 차가 서 있었다. 차 안에는 가죽 장갑, 그 미행꾼이 있었다. 그 사람은 아무것도 눈치채지 못했다.

응급차는 시내를 요리조리 에둘러 다니다 경성역에 다다랐다. 미행꾼을 확실하게 떼어 놓은 게 분명해지자, 아빠는 인천으로 가는 기차표를 끊었다. 인천행 기차 안에서도 마음이 놓이지 않았다.

조선 총독부 앞 거리

일본은 식민지로 삼은 조선을 통치하기 위해 조선 총독부를 세웠다. 원래 남산에 있던 총독부 건물은 1926년에 경복궁 근정전을 가로막고 새로 들어섰다.

총독부

체신국 보험 관리국

경기도청

경찰관 강습소

광화문 전화국

경성 중앙 전화국

체신국

체신국 분관

조선 시대에 관청이 있던 광화문 앞 거리에는 전찻길이 놓이고, 일본의 식민지 지배에 필요한 기관들이 들어섰다.

싯누런 파도를 건너

1939년 1월 23일

오늘은 경성이 아닌 인천에서 잔다. 어제 가죽 장갑을 따돌리고 인천에 도착한 뒤 곧장 만국공원으로 갔다.

인천은 부산처럼 바다가 가깝고 다른 나라 사람들이 들어와 살아서 그런지 부산이랑 비슷한 느낌이었다. 하지만 부산에서 먹어 보지 못한 짜장면을 먹을 수 있어서 참 좋았다. 시커먼 중국 된장 때문에 보기는 좀 그렇지만, 입에 착착 감기듯 맛있었다.

만국공원을 구경할 때 주먹코 아저씨를 다시 만났다. 그럼 그렇지! 그 사람은 우체부가 아니라 오빠의 편지 심부름꾼인 게 분명했다.

"영희라고 했지? 그동안 잘 지냈니?"

주먹코 아저씨는 내게 짧은 인사를 건넸다. 엄마는 불안한 얼굴로 주위를 둘러보고는 내 손을 잡아끌었다. 엄마와 내가 사탕과자를 사려고 자리를 뜬 동안, 아빠와 주먹코 아저씨는 무슨 이야기를 했을까?

주먹코 아저씨와 헤어지고 나서 우리 가족은 월미도로 갔다.

"엄마, 바다는 파랗기만 한 줄 알았어요."

"그러게 말이다. 나도 이렇게 누런 황토색 바닷물은 처음이야."

월미도에는 바닷물을 끌어온 해수탕이 유명했다. 해수탕에서 목욕을 하고 그곳 여관에서 잤다. 따뜻한 아랫목에 누우니 잠이 스르르 쏟아졌다. 기차에 택시에 응급차까지……. 탈것을 너무 많이 탔다. 온몸이 나른했다.

"**이 옥가락지는** 나중에 며느리한테 주려던 건데……. 경애한테 전해 주렴."

처음엔 꿈인 줄 알았다. 하지만 생생한 엄마 목소리였다.

'아, 오빠구나! 오빠가 왔어.'

그렇지만 나는 벌떡 일어나 앉을 수가 없었다. 엄마 아빠는 내가 아무것도 모르는 철부지인 줄로만 안다. 그렇지만 나도 다 자란걸. 다 커서 알 만한 일은 안다. 알기 때문에 더욱 모른 척해야 한다. 지금 내 역할은 철부지 막내딸이다. 그래야 가족들이 불안해하지 않고 이야기를 나눌 테니까.

자는 척하다 살짝 실눈을 떴다. 오빠가 엄마 아빠한테 큰절을 하고 말없이 일어섰다. 아빠와 엄마는 오빠 손을 굳게 잡고는 아무 말도 못했다.

문을 나서던 오빠가 문득 뒤로 돌아섰다. 그러고는 내 이마에 살포시 손을 얹었다. 나는 눈물이 나려는 걸 참느라 눈을 더 꼭 감았다.

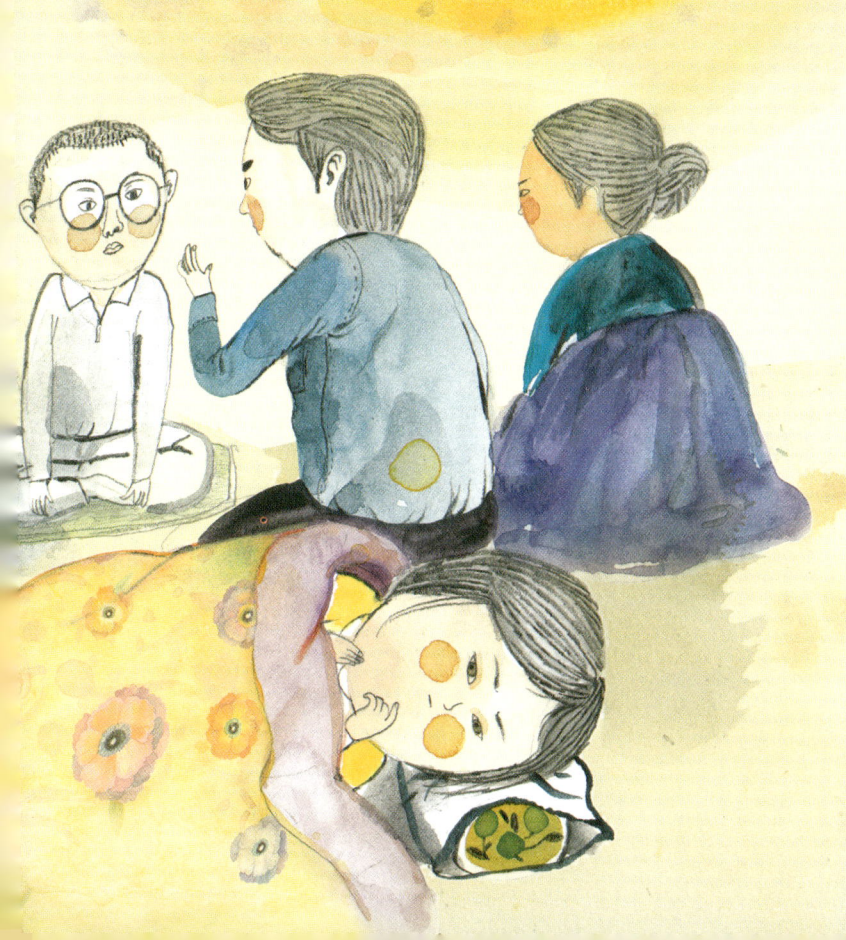

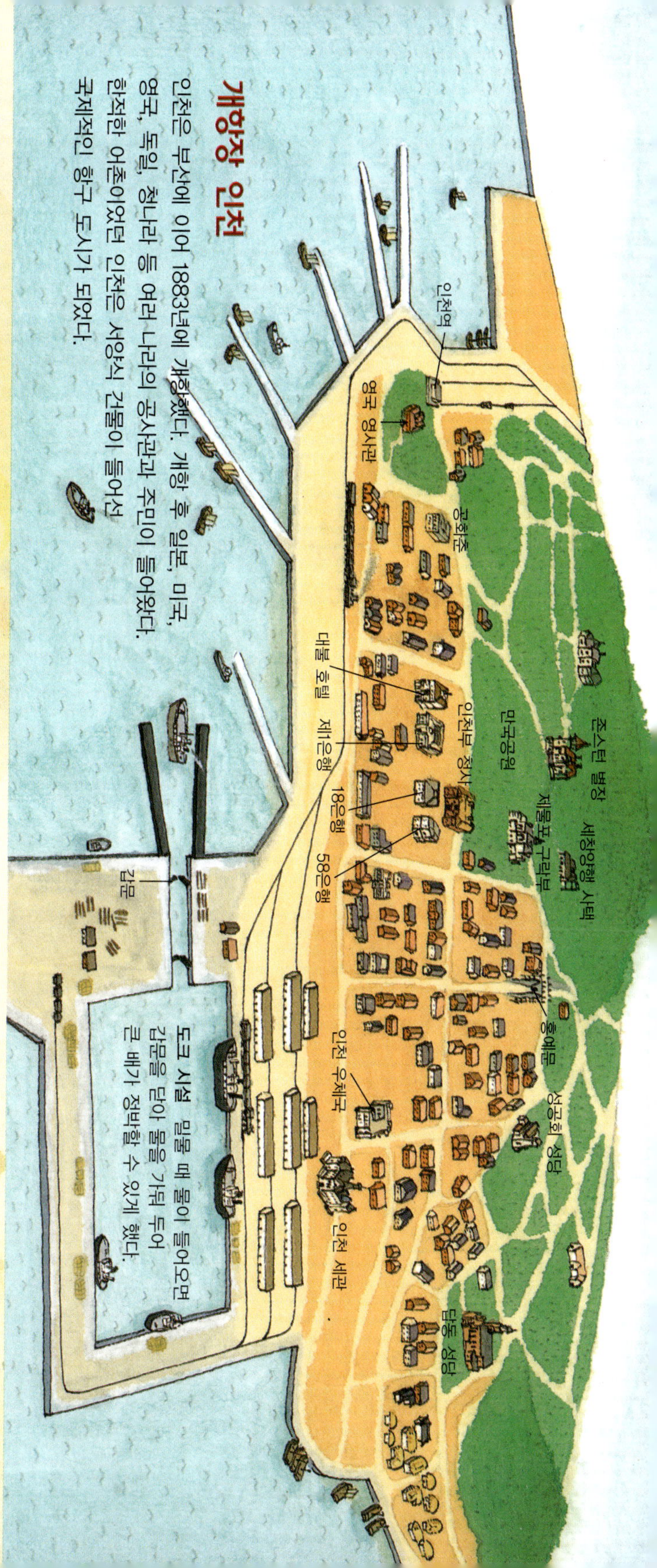

개항장 인천
인천은 부산에 이어 1883년에 개항했다. 개항 후 일본, 미국, 영국, 독일, 청나라 등 여러 나라의 공사관과 주민이 들어왔다. 한적한 어촌이었던 인천은 서양식 건물이 들어선 국제적인 항구 도시가 되었다.
인천역
영국 영사관
공화춘
대불 호텔
인천부 청사
제일은행
18은행
58은행
갑문
만국공원
존스턴 별장
제물포구락부
세창양행 사택
홍예문
성공회 성당
인천 우체국
인천 세관
답동 성당
도크 시설 밀물 때 물이 들어오면 갑문을 닫아 물을 가둬 두어 큰 배가 정박할 수 있게 했다.

딸막아 노올자!

1939년 2월 26일

경성 여행을 다녀온 지 한 달이 지났다.

하루 종일 방 안에서 혼자 심심하게 있는데, 딸막이 엄마 목소리가 들렸다. 나는 문틈을 조금 벌렸다.

"영희 어머니, 경성 물이 좋긴 좋은가 봐요. 얼굴빛이 뽀얘지셨어요."

엄마는 그 말에 손사래를 쳤다.

"아유, 말도 마세요. 나카무라 경감인지 땡감인지, 하도 뻔질나게 드나들면서 감시하는 통에 숨도 못 쉬겠어요."

엄마는 긴 한숨을 내쉬었다. 딸막이 엄마한테 자세한 사정을 다 이야기할 수는 없는 탓이다.

"요샌 지내기가 어떠세요?"

이번엔 엄마가 딸막이네 안부를 물었다.

"그냥 견디는 거지요. 애들 아빠는 통 기운을 못 써요. 조금만 움직여도 허리가 아프다고 하니, 일을 하고 싶어도 당최 할 수가 있어야지요."

"그래도 그만하길 천만다행이라 생각하고 힘을 내세요."

나는 벽장 속에 고이 넣어 두었던 헝겊 인형을 꺼냈다.

"엄마, 저 딸막이랑 놀고 올게요."

엄마는 그러라고 했다.

딸막이네 동네 골목길에는 아이들 소리가 왁자했다. 아이들은 좁은 집에서 나와 골목을 쏘다니며 바깥에서 놀았다. 딸막이네 집 앞에 다다랐을 때 어떤 꼬마가 아장아장 걸어 나왔다.

"안 해, 안 해."

꼬마는 도리질을 치며 제 딴에는 도망을 치는 중이었나 보다. 뒤뚱뒤뚱 아장아장 걷는 모습이 우스웠다.

"개똥이, 너 이리 안 와!"

꼬마 뒤로 딸막이가 따라 나왔다. 나는 깜짝 놀랐다.

"얘가 막둥이?"

"응, 많이 컸지? 이제는 말도 제법 하는걸."

꼬마가 내 치맛자락을 붙잡고 말끄러미 나를 쳐다보았다.

"누나? 누나?"

나는 꼬마의 머리를 쓰다듬었다.

"놀자, 놀자."

꼬마의 말에 서로 눈치만 살피던 나와 딸막이는 풋, 웃음이 나왔다.

우린 왜 어색해졌지? 낯간지럽게 미안했다고 말해

야 하나, 뭐? 그냥 그전처럼 놀면 되지! 나는 품에서 인형을 꺼냈다.

"네 거야. 같이 놀자."

우리는 딸막이네 돌담 밑에 소꿉 살림을 차렸다. 아직 바람이 쌀쌀했지만 봄볕을 받은 담 곁은 따스했다. 우리는 담벼락에 등을 기댔다.

"춥니?"

딸막이에게 물었다.

"아니……. 꼭 우리 아빠 등처럼 따뜻해."

그때 돌 틈으로 고개를 내민 파릇한 싹이 보였다.

"영희야, 우리 달리기할래?"

"좋아! 저 끝까지 단숨에 가기다."

나는 주먹을 불끈 쥐고 뛰기 시작했다.

딸막이는 꼬마를 번쩍 안더니 "와아아아!" 하고 함성을 질렀다. 나도 있는 힘껏 소리를 질렀다. 꼬마는 신이 나서 까르르 웃으며 두 팔을 마구 휘저었다. 차가운 바람이 우리의 붉은 뺨 위로 휙휙 지나갔다.

역사 일기 09 – 일제 강점기

부산 소학생 영희, 경성행 기차를 타다

2012년 11월 30일 1판 1쇄
2023년 3월 15일 1판 7쇄

일기글 | 안미란 **정보글** | 장경준 **일기 그림** | 김종민 **정보 그림** | 이준선
기획·편집 | 최옥미·강변구 **디자인** | 김지선 **표지 제목 글씨** | 김세현 **마케팅** | 이병규·양현범·이장열·김지원
홍보 | 조민희 **제작** | 박흥기 **인쇄** | 코리아피앤피 **제책** | 책다움

펴낸이 | 강맑실 **펴낸곳** | (주)사계절출판사 **등록** | 제406-2003-034호
주소 | (우)10881 경기도 파주시 회동길 252 **전화** | 031) 955-8588, 8558
전송 | 마케팅부 031) 955-8595 편집부 031) 955-8586 **홈페이지** | www.sakyejul.net **전자우편** | skj@sakyejul.com
블로그 | blog.naver.com/skjmail **페이스북** | facebook.com/sakyejulkid **인스타그램** | instagram.com/sakyejulkid

ⓒ 안미란·장경준·김종민·이준선 2012

값은 뒤표지에 적혀 있습니다. 잘못 만든 책은 구입하신 서점에서 바꾸어 드립니다.
사계절출판사는 성장의 의미를 생각합니다. 사계절출판사는 독자 여러분의 의견에 늘 귀 기울이고 있습니다.
이 책은 저작권법에 따라 보호받는 저작물이므로 무단 전재와 복제를 금합니다.

ISBN 978-89-5828-424-6 74910
ISBN 978-89-5828-415-4 (세트)